HOMENS E MODA NO SÉCULO XXI

MÁRIO QUEIROZ

HOMENS E MODA NO SÉCULO XXI

EDITORA SENAC RIO – RIO DE JANEIRO – 2019

Homens e moda no século XXI © Mário Queiroz, 2019.

Direitos desta edição reservados ao Serviço Nacional de Aprendizagem Comercial – Administração Regional do Rio de Janeiro.

Vedada, nos termos da lei, a reprodução total ou parcial deste livro.

Senac RJ

Presidente do Conselho Regional
Antonio Florencio de Queiroz Junior

Diretora Regional
Ana Cláudia Martins Maia Alencar

Diretora de Educação Profissional
Wilma Bulhões Almeida de Freitas

Diretor de Planejamento
Fábio da Silva Soares

Conselho Editorial
Ana Cláudia Alencar
Wilma Freitas
Eduarda Varella
Daniele Paraiso

Editora
Daniele Paraiso

Produção editorial
Cláudia Amorim (coordenação), Manuela Soares (prospecção), Andréa Regina Almeida, Gypsi Canetti e Michele Paiva (copidesque e revisão de textos), Patricia Peçanha, Victor Willemsens e Vinicius Moura (design)

Impressão: Edigráfica Gráfica e Editora Ltda.
1ª edição: outubro de 2019

Editora Senac Rio
Rua Pompeu Loureiro, 45/11º andar
Copacabana – Rio de Janeiro
CEP: 22061-000 – RJ
comercial.editora@rj.senac.br
editora@rj.senac.br
www.rj.senac.br/editora

CIP-BRASIL. CATALOGAÇÃO NA PUBLICAÇÃO
SINDICATO NACIONAL DOS EDITORES DE LIVROS, RJ

Q45h

Queiroz, Mário
    Homens e moda no século XXI / Mário Queiroz. - 1. ed. - Rio de Janeiro : Senac Rio, 2019.
    168 p. : il. ; 21 cm.

    Inclui bibliografia
    ISBN 978-85-7756-473-6

    1. Moda - Estilo. 2. Roupas masculinas. I. Título.

19-60760

CDD: 391.1
CDU: 391-055.1

Dedico este livro aos
que incentivam minhas
realizações, em especial a
José Augusto Lança Fabron.

SUMÁRIO

Prefácio — 9

Agradecimentos — 15

Introdução — 17

Capítulo 1 – Rupturas — 23

Capítulo 2 – Corpos e desconstrução de masculinidades — 45

Capítulo 3 – Da rua para a loja — 63

Capítulo 4 – Militar uniformizado — 73

Capítulo 5 – Hipermasculinidade no cinema — 89

Capítulo 6 – Cor e tecido não têm sexo — 101

Capítulo 7 – Construção de imagens — 115

Capítulo 8 – Perfume de homem — 131

Capítulo 9 – Você é homem? — 141

Capítulo 10 – Como serão os homens de amanhã? — 151

Referências bibliográficas — 165

PREFÁCIO

Antes de começar a ler este livro, é preciso lembrar que sou designer de moda e desde os 20 anos trabalho em muitos segmentos, com foco sobretudo no masculino. Estudei comunicação desde a graduação até o doutorado, sou professor e consultor, em particular na função de decifrar os movimentos de estilo. Também criei uma marca homônima que se tornou referência na moda masculina brasileira, e vivo entre ideias, pesquisas, criações, desenvolvimentos e números.

Isso pode ser relevante porque pesquisas e experiências se misturam; muito do que escrevi foi vivenciado, o que torna impossível um relato frio ou um estudo apoiado apenas em citações ou dados quantitativos. Não tive a intenção de escrever uma biografia, assim como não excluí conhecimentos e sentimentos que a vida provoca.

O primeiro capítulo foi dedicado ao meu percurso profissional e à percepção do universo da moda masculina no fim do século XX tanto no Brasil, genericamente, quanto em outros locais do mundo nos quais realizei as pesquisas. Os relatos sobre o surgimento das semanas de moda e das feiras autorais ajudam a conhecer a recente história da moda brasileira por quem fez parte dela. Meus desfiles representaram exatamente as mudanças no entendimento de masculinidades, assunto que permeia este livro. Além de ter o valor de documentar e criar a memória de moda, é uma rara oportunidade de entender o processo de criação de um designer de moda/diretor criativo, escrito pelo próprio. Como digo em minhas aulas, a experiência de cada um ajuda o outro a rever seu modo de pensar e fazer; e esse ritmo de construir uma marca, contribuir com outras e ser pesquisador/professor, principalmente considerando o cenário brasileiro, é frenético, mas não se pode negar que seja uma oportunidade única. Este capítulo é a oportunidade de conhecer o making of e as ilustrações que fiz para as coleções. O desenho sempre fez parte da minha vida, por isso eu mesmo decidi fazer as ilustrações usando um pouco de meu acervo e criando outras no decorrer da escrita.

Começo o segundo capítulo falando de corpos e imagens, o que é muito especial quando mencionamos homens brasileiros. Com o calor e um imenso litoral, bermudas e sungas são peças tão importantes quanto o underwear, que se torna tema para análise da construção do ideal masculino nas campanhas, nas embalagens e nos papéis desempenhados por jogadores de futebol e rappers. Ainda no quesito corpo, trato das relações entre o pênis e a moda, lembrando que no século XV os homens já se preocupavam com enchimentos, como nos *codpieces*. Hoje, apesar do tabu, o assunto aparece por provocações de estilistas para lembrar que o tamanho do pênis é uma preocupação dos homens desde meninos há muito tempo.

O "surgimento" dos jovens é ponto de partida do terceiro capítulo, lembrando as transformações do comportamento masculino a partir da década de 1950. Com o conhecimento de quem se dedicou aos dois segmentos nos anos 1990, falo do surfwear, do streetwear e dos papéis dos uniformes de esporte, de trabalho, inclusive do exército. O texto chega aos dias de hoje, em que mesmo as marcas de luxo se colocam no mercado dos skatistas, do qual acabam saindo seus novos diretores criativos.

O capítulo seguinte é dedicado aos uniformes militares pelas várias influências que exercem sobre a moda masculina, como o uso de materiais resistentes, muitos bolsos, a cor cáqui, os camuflados e a própria postura. Homens moldados pela disciplina dos quartéis e construção de masculinidades severas e fetichistas mostram que a ideia de homem continua a passar por muitos conceitos alimentados pelo cinema e por outras expressões da cultura pop. Os marinheiros, outros arquétipos do universo masculino usados constantemente pela moda, são comentados como militares cujo imaginário se afasta da violência e se aproxima dos fetiches eróticos.

Ainda no clima de hipermasculinidade, o quinto capítulo começa com a citação do filme *Clube da luta*, de 1999, no qual o diretor David Fincher apresenta dois personagens que representam os confrontos dos homens atuais. Tomando o cinema como ponte de análise das relações entre comportamento e moda, aponto os principais tipos masculinos que se firmaram na grande tela. Entre galãs e gladiadores, eles são ideais de virilidade perseguidos desde o início do século. Os tipos indestrutíveis dos filmes de aventura e os sensíveis e apaixonados dos romances estão preocupados com a aparência e influenciam todos os homens do planeta.

Voltado agora para as telas pequenas dos celulares, o capítulo "Construção de imagens" aborda o poder da fotografia e do *fashion film* para girar o negócio da moda. Falo de como as campanhas exploram o desejo, que vende mais que produtos. As mídias londrinas dos anos 1980 abriram espaço para diversidades e seus personagens pop são citados como novos meios de representação masculina. Passando pelo travestismo, novos gêneros e embaralhamentos feminino e masculino, a moda constrói não só novas possibilidades de imagem mas também novas possibilidades de masculinidades.

O Capítulo 7 é voltado aos elementos-chave do desenvolvimento da moda: as cores e os materiais. No caso da moda masculina, obedecemos tão cegamente às convenções culturais que nem buscamos entender seus sentidos. Presos a padrões que estabelecem quais tecidos são masculinos ou quais cores são exclusivas de mulheres, alimentamos o machismo por meio de pequenos hábitos. A moda contemporânea vem tentando quebrar esse *imprinting* cultural via coleções com cartelas inusitadas, matérias antes inexploradas, eventos e campanhas questionadoras. O mundo digital certamente contribui para novas maneiras de o homem se produzir sem medo.

Como a moda deve ser entendida além das roupas e dos acessórios, dedico-me ao perfume no oitavo capítulo e analiso não só a fragrância como também o frasco e a campanha. O texto parte de um perfume que há 25 anos já anunciava servir para homens e mulheres, provocando impacto também pela comunicação. Do lançamento aos últimos anúncios, as inspirações, a escolha dos castings e as montagens do *tableau vivant* dão conta de representar as mudanças de gerações dos consumidores.

O Capítulo 9 traz a pergunta "Você é homem?", ponto de partida de minha tese de doutorado com base em uma campanha de moda masculina que tirou o homem da posição viril e heroica e mostrou sua fragilidade, causando ainda mais admiração por se tratar de marca de grande distribuição. Além das fotos, analiso as vitrines da montagem dos manequins para a cenografia, mostrando a importância dessa forma de comunicação da moda.

O último capítulo trata dos homens de amanhã segundo análise de alguns dos desfiles internacionais da temporada Verão 2020. A primeira constatação é que não há uma unidade de estilo e que os castings são, na maioria, de modelos que aparentam menos de 18 anos, confirmando dois pontos muito importantes dos capítulos anteriores: a diversidade e o streetwear. Ao mesmo tempo que aponto como a indústria está concentrada na Geração Z, lembro como há valores atuais que repudiam qualquer preconceito, inclusive com relação à idade. Se os modelos nasceram no início deste milênio, os consumidores podem ser mais velhos; então, concluímos que realmente o público não pode mais ser dividido por idade, já que o "novo homem velho" é ativo e aberto a novidades. Sobre o sucesso da moda de rua, há várias referências diluídas que trazem elementos de várias épocas e estilos em uma grande mistura que caracteriza o nosso tempo.

Por fim, o título *Homens e moda no século XXI* deve ser explicado: "homens", no plural, pela necessidade de pensarmos as masculinidades como diversas possibilidades, em oposição aos padrões a que estivemos confinados. E "moda no século XXI" porque é um livro voltado às necessidades/vontades de tempo que construímos nas reflexões sobre o passado, atentos às vanguardas e a entender as pistas do que virá.

AGRADECIMENTOS

Agradeço a Ana Cláudia Martins Maia Alencar e Leana Braga (Senac RJ), Daniele Paraiso, Cláudia Amorim, Gypsi Canetti, Victor Willemsens e Patricia Peçanha, esta responsável pela finalização das ilustrações (Editora Senac Rio).

Aos amigos que me incentivam, aqui representados por Claudio Silveira o estímulo ao livro.

Aos professores e alunos que me ajudam a buscar o conhecimento e a exercitar meus talentos.

A todos que passaram pela minha vida profissional: nas fábricas, nas escolas e, sobretudo, na marca Mário Queiroz.

Aos irmãos de toda a vida que me dão afeto e ajudaram na minha formação.

Aos que me fizeram: Therezinha, Mário, Lilina e José Augusto.

Aos que virão.

INTRODUÇÃO

Compartilho a ideia de que moda não são só roupa ou acessórios e calçados; avança da beleza e do corpo para os gestos e formas como me comunico. Também diferencio moda de vestuário, pois vejo mais esse entendimento da revolução industrial em diante, quando a grande massa, envolvida com o processo têxtil e de confecção, passou a ser consumidora. Próximo a esse tempo, surgiu a fotografia, e todos queriam se ver e também criar outros "eus". Fotografia e moda sempre andaram juntas e impulsionaram as revistas, que até então eram manuais do que vestir, de como se comportar. Documentos de cada mudança, as fotos também foram além do real, criando universos desconhecidos e dando uma aura maior a todos os objetos fotografados. As imagens de moda nos editoriais conseguem ser mais elaboradas que nas passarelas. Por todos os recursos e, também, pelo tratamento das fotos, o fotógrafo consegue ir mais além no estúdio, e hoje com toda a pós-produção, sem limites.

Não conhecia a moda totalmente quando ingressei, mas sentia sua magia desde cedo. Passei minha infância me divertindo com o desenho, com as figuras humanas que criava e que eu vestia conforme a percepção ao meu redor, admirando aqueles que saíam do óbvio do dia a dia, pessoas que eu considerava corajosas porque se apresentavam de maneira diferente da maioria. Não pensava na moda como profissão, coloquei inicialmente sobre o dom de escrever a responsabilidade de uma carreira. O curso de comunicação social não foi profissionalizante, mas trouxe o conteúdo das ciências sociais e políticas, da psicanálise e da semiologia, e incentivou meu lado crítico. Com ele tive a certeza de que a informação é o instrumento mais valioso do cidadão.

Fui selecionado para o meu primeiro emprego como estilista graças à criatividade e à ousadia: desde um currículo em HQ à primeira apresentação de pesquisa para uma coleção com instalação artística. O encanto da moda estava nessa possibilidade de "conversar" com várias áreas. Eu teria muito a aprender com a tecnologia têxtil e com a indústria, mas também com todos os canais de informação necessários caso fosse preciso criar algo para o futuro. Quando se trabalha em uma grande escala de produção, é preciso entender o que o público vai desejar em um prazo de um ano ou mais. Comecei a me interessar muito por essa ligação "comportamento-consumo-desejos" e não aceitava como eram apresentadas as "tendências". Estas eram muito maniqueístas porque as grandes marcas de fios e tecidos ditavam para as confecções os temas das coleções com cartelas de cores, padrões e silhuetas a serem seguidos. A moda não depende apenas dos próprios atores; ela está ligada a todas as redes sociais, depende de todos os acontecimentos e opera de modo participativo, não é um caso à parte da realidade ou dos sonhos.

A sociedade do século XX não considerou a moda assunto de homens ou para homens, mas foi nessa área que me especializei. Trabalhei com o mercado infantil, com tecelagens, jeans, malharias, camisarias, varejo, no desafio de propor novidades para o masculino. O mercado quer novidades porque precisa de motivos para que as pessoas comprem, mas a maioria não quer se arriscar, não acredita em ideias que já não tenham sido comprovadamente aprovadas, não procura ao menos entender seu público. Os meios não facilitaram o trabalho de criação: o departamento comercial sempre tem mais razão, afinal é quem traz o dinheiro. Então, aqueles que estão na ponta com o varejo e que deveriam ser informados do produto na verdade não estão interessados em moda. Percebi que a maioria dos representantes comerciais não entendia de moda, eles tinham relacionamentos antigos com seus clientes, mas sem argumentos de tendências, produtos, moda ou futuro. Enfrentei fortes discussões com alguns deles, que eram machistas e zombavam de qualquer proposta fora dos seus mundos limitados. Mesmo as marcas que pareciam ser mais "modernas" eram conduzidas à moda antiga e seus líderes tinham a modernidade apenas como fachada.

Aceitei dois desafios diferentes ao mesmo tempo, mas que se complementavam: ter a própria marca e ser professor na faculdade de moda. Eu queria ser mais livre para criar e desenvolver a moda masculina em que acreditava, e simultaneamente precisei organizar meu método para ensinar aos alunos. Eram duas grandes viagens por ano: a coleção da nossa marca e as coleções dos alunos, o que me motivava a pensar e a pesquisar ainda mais. Era um estímulo mútuo.

Ao fazer parte dos maiores eventos de moda brasileira no momento em que "a moda estava na moda" no país, tive oportunidades de criar discursos que transcendiam a apresentação de dezenas de roupas. Cada desfile era uma provocação, um desafio que eu propunha aos homens não só a respeito do visual mas também a respeito do que somos. No meu caso, o processo de criação e desenvolvimento de coleções sempre veio acompanhado de uma análise dos comportamentos, de como a sociedade caminha. Por isto, estudar é determinante: ou você se dá conta de saber muito pouco do que já existe e de que novas descobertas acontecem diariamente, busca se informar e analisar, ou fica para trás. Voltei a ser aluno e minha dedicação ao mestrado e ao doutorado contribuiu para que eu continuasse avançando.

Escrever um livro me parece um momento de reunir um pouco do que já vi e pensei, rever o que já falei ou escrevi, e selecionar o que tem relevância para quem busca entender mais este universo. *Homens e moda no século XXI* trata de um tema bastante pertinente aos nossos dias, de grande polarização entre os que desejam o fim do machismo, um mundo justo para todos sem discriminação e os que não pensam assim.

Nos cinco anos antes de me dedicar ao livro, venho pensando as masculinidades por intermédio das diversas áreas de conhecimento. Não se pode conhecer algo sem saber em que ambiente ele se criou e sua informação. Sozinhas, a moda e a comunicação não dão conta dessa missão complexa. Estamos avançando com os diálogos entre todas as áreas de conhecimento, pensando os diversos tipos de homem, que não são iguais em diversos aspectos e, portanto, não podem ser enquadrados em padrões sedimentados. Precisamos entender melhor isso para nos relacionarmos, para o mundo funcionar direito.

A moda é uma maneira explícita de entendermos as nuances entre dois polos que a sociedade ocidental está vivendo nos dias de hoje: de um lado, o avanço na liberdade de expressão; de outro, um continuísmo na manutenção do preconceito, da censura e até da violência. A moda deve ajudar o homem a ter mais escolhas, a sentir que valores como sensibilidade, ternura e delicadeza o tornam melhor amigo, amante e pai. Há quem diga que a moda é um universo de aparências, e sim acredito que ela faça parte da grande exposição composta diariamente pelo mundo, por isso é retrato vivo que provoca reações. Primeiro, reação do sujeito com ele mesmo, o quanto consegue se expressar e ser verdadeiro. Depois, como os outros reagem a como nos apresentamos a eles, o que pode provocar rejeição ou acolhimento, mas o pior é a indiferença. Um homem de paz com a moda nunca é despercebido, seja um flamboyant, seja apenas por ter algo de especial que chama a atenção. Um homem indiferente à moda é indiferente a si mesmo, assim como a moda indiferente aos homens não é verdadeira.

Capítulo 1

RUPTURAS

No fim do século XX, eu trabalhava como estilista de diferentes segmentos de moda masculina que eram bem separados, fosse pelos materiais empregados nas confecções, fosse pelos públicos rotulados de "mauricinhos" e "skatistas".

A moda voltada para o "jovem" e para os executivos inspirava o conceito de "juventude rebelde" e "maturidade comportada" como as únicas realidades do masculino que nunca se misturavam.

Se não fosse a veia investigativa que a faculdade de jornalismo me ajudou a desenvolver, eu não acreditaria em um só estilo masculino nem no modo como eram impostas restrições pela cultura machista.

A experiência dentro das fábricas me mostrou como nas áreas industriais e comerciais prevalecia a ideia de manter os homens afastados das inovações. Talvez pelo fato de a própria sociedade cuidar da manutenção do homem provedor, trabalhador, desprovido de cuidados ou porque essa ideia fosse conveniente a empresários na época, os investimentos em design eram muito menores em comparação ao segmento feminino.

Depois de trabalhar em malharias, estamparias, fábricas de jeans e alfaiataria – eu sabia celebrar cada conquista de renovação dentro do masculino –, cheguei ao surfwear. Por esse segmento ser voltado a situações em que o homem estava mais à vontade, fora dos rigores de um escritório, por exemplo, encontrei mais espaço para inovações. As bermudas se distinguiam pelo material, pela modelagem e pelos detalhes, mas principalmente pelas estampas extravagantes e pelo uso da combinação de cores vibrantes. As camisetas e camisas, mesmo seguindo padrões, também possibilitavam maior liberdade de ideias. Acima disso, porém, a figura do surfista com seus cabelos longos ou descoloridos e corpo bronzeado firmava uma nova postura quanto a masculinidades. Essa representação fez com que as marcas de surfwear chegassem a cidades distantes das praias e passassem a ser usadas por homens que jamais chegaram perto de uma prancha.

Mais próximos da realidade dos centros urbanos estavam os chamados "surfistas do asfalto", os skatistas, que carregavam a ousadia das praias, mas se distinguiam pela relação com o cinza das cidades e ainda com intervenções como os grafites. O termo streetwear surgiu da figura de como esse jovem se vestia ao "deslizar" sobre as ruas.

Durante sete anos trabalhei para uma marca de streetwear em que as influências dos skatistas, do movimento grunge e dos *rockers* em geral deixavam brechas para experimentações. Foi possível mudar um pouco as proporções, como nos tamanhos maiores em novas silhuetas, o deboche e a crítica nas estampas e muitos acessórios liberados, como correntes, mochilas, carteiras, bonés. Um mix de produto bem maior que as marcas tradicionais propunham.

Diferentes personagens que eram vestidos pela marca – skatistas e apostas do rock nacional – circulavam pela empresa, confirmando a diversificação de estilos e a possibilidade de diferentes segmentos para a moda masculina naquele momento.

Apesar de assumirem uma postura "fuck the fashion!" para demonstrar que suas propostas eram únicas, o streetwear sempre esteve completamente inserido no sistema da moda. Mesmo a mais punk das propostas envolve a movimentação de produção atacado-varejo-marketing como qualquer outra onda da moda. Além do crescimento das empresas, o estilo street logo passou a influenciar outros segmentos e chegou à alta distribuição das lojas de departamentos.

LONDRES

Conheci Londres no início dos anos 1980 e desde então me impressiona como a cidade se relaciona com estilos e moda, entre vanguarda e conservadorismo. O local que mais me impressionou foi o Kensington Market: uma galeria de vários andares repleta de pequenas lojas com produtos para punks, góticos, S&M e para os novos adeptos da música eletrônica. A vizinhança daquela High Street Kensington me interessava, assim como as feiras de Camden Town, o movimento de Oxford Street e as vitrines da Harvey Nichols.

Era nítido que uma segunda revolução jovem estava acontecendo naquele fim de século. Se nos anos 1950 a sociedade se deu conta de que existia um mercado entre o público infantil e o adulto que fez os anos 1960 e 1970 valorizarem tanto a liberdade jovem, naquele momento os jovens davam as cartas, com todas as suas diferenças que nem sequer cabiam no conceito de tribos. As diferenças se aproximavam e faziam transitar as ideias. Não se podia falar de um único rock, eram tantas as possibilidades que pareciam extrapolar o espaço terrestre e fazer surgir uma corrente em que as estrelas eram os extraterrestres. Com a música eletrônica, criou-se um cenário completamente novo com a mistura de sons, e a própria "viagem" mostrava que o que valia mesmo era não só cada um dançar sozinho na própria onda em meio à multidão mas criar sua imagem o mais individualizada possível.

As feiras inspiradas em uma mistura de Camden Town e Kensington Market começaram a surgir em São Paulo em galpões ou casarões, com os espaços alugados para quem criava roupas, acessórios, objetos de design. Nos fins de semana à tarde e à noite pessoas circulavam entre os corredores apertados desses espaços sob uma trilha eletrônica que foi palco para o surgimento de grandes DJs. Eram muitos produtos tão diversificados e curiosos quanto as drag queens, que animavam e faziam com que as feiras fossem também grandes festas. Começamos no Bazar Blondie, onde dividimos espaço com outros designers em um dos últimos casarões da Paulista, lotado de fashionistas e clubbers. E logo passamos a participar do grande Mercado Mundo Mix.

A cultura clubber marcou São Paulo dos anos 1990: a música eletrônica inspirava o espacial que surgia em tecidos sintéticos, refletivos, estampas de ETs e cabelos coloridos. O Mercado Mundo Mix era uma grande rave que ia das 14 às 22 horas. Além dos galpões da Barra Funda, os expositores viajavam para edições em outros estados e confirmavam um movimento de comportamento, moda e música.

Quando eu e José Augusto Fabron idealizamos a marca, a ideia era buscar homens sem compromisso rígido de vestir que, por seu apego à moda, tivessem em mente propostas diferentes das tradicionais. Não eram skatistas, mas gostavam dos novos volumes e da onda retrô dos padrões xadrez das calças, nosso "carro-chefe". Nós montávamos uma "boutique" dentro daquele espaço underground, afinal nossas peças eram feitas com bons tecidos e muito cuidado, talvez por isso tenham chamado nosso estilo de *street chic*.

Nesse mesmo período comecei a atuar como professor no curso Negócios da Moda da Universidade Anhembi Morumbi. Eu era designer, empresário, consultor e passei a ajudar os alunos do último ano a desenvolver suas primeiras coleções. Apesar de serem atividades diferentes e que exigiam muita dedicação, estavam interligadas, e isso foi instigante. Por ter-me tornado professor – e ainda coordenador do curso Design de Moda, que ajudei a criar –, tive condições de pensar o processo criativo, de analisar o sistema da moda e entender que havia, sim, um movimento na moda internacional em torno da renovação da moda masculina.

Para os grandes mercados, os conceitos de masculinidade não eram mais imutáveis. A indústria de perfume e de cosméticos estava mais à frente, mas até no mercado automobilístico já se entendia que era preciso falar de outra maneira com os homens.

O ambiente da universidade ajudou a compartilhar conhecimento com outros pesquisadores, de outras áreas, e entender a importância da interdisciplinaridade. O mestrado e o doutorado foram resultado de momentos em que pesquisa e discurso se juntaram ao processo criativo, e tudo discutia o que era ser homem em um novo milênio.

PRIMEIRO DESFILE

O primeiro desfile foi um meio de dar vida às nossas peças, até então apresentadas em araras e admiradas por um público tão diverso quanto interessado na aproximação da moda com outras expressões culturais.

Foi uma oportunidade de colocar as roupas sobre corpos que refletissem o perfil da nossa marca. Por isso, convidamos homens que se destacavam pela agitação cultural. Além de diferentes idades, eles representavam belezas distintas.

Surgiu a oportunidade de realizarmos o desfile em uma casa no Pacaembu, de propriedade da *HB Revistas*, importadora de bureaux de moda. Foi interessante usarmos o mesmo formato dos desfiles dos estilistas em suas maisons porque firmou o tom autoral e, acima de tudo, o questionamento: "Por que não dar glamour também aos homens?" As roupas, apesar de práticas, traziam elementos de sofisticação que foram afastados do universo da moda masculina. O veludo, as peles (sintéticas) e os tecidos sofisticados. As nossas propostas para o Inverno 1996 ainda traziam outra característica que sempre nos acompanhou: a estamparia, o que era muito restrito nos segmentos masculinos de moda.

Ousávamos nos materiais e conseguíamos trabalhar com o que existia de mais novo na tecnologia têxtil internacional. A matéria-prima sempre foi muito importante no meu processo de criação, e eu perguntava aos vendedores se tecidos tinham sexo quando eles diziam que determinado tecido era feminino. Na verdade, assim como na forma, o homem do século XX se viu limitado aos tecidos que imprimiam austeridade ou praticidade.

O primeiro desfile só de homens se apresentando com elegância em corredores, trazendo novas propostas sem impor nenhum estereótipo, foi muito bem recebido e nos incentivou a fazer vários outros.

MENINOS GRANDES

O Mercado Mundo Mix tornou-se itinerante, sendo realizado com frequência no Rio de Janeiro, no belo espaço da Fundição Progresso, na Lapa.

Era estimulante regressar à cidade que havia deixado, uma ótima oportunidade para mostrar aos meus conterrâneos meu trabalho. Éramos muito prestigiados e uma das características da cidade se mostrava por lá: o grande número de artistas e personalidades midiáticas.

Veio do Mercado Mundo Mix o primeiro convite para participarmos do line-up de um grande evento de moda: a Semana BarraShopping de Estilo. Uma experiência bem diferente da anterior, com toda a estrutura de espaço, iluminação, sonoplastia e casting profissionais. E, principalmente, tínhamos a possibilidade de dialogar com uma mídia maior que cobria todo o evento. Criamos a coleção Verão 1997: "Meninos grandes".

A inspiração vinha das roupas de meninos da minha infância, dos anos 1960: conjuntos de shorts e camisas coordenados, em proporções curtas e justas, como se os meninos já tivessem crescido. Estava falando da minha memória, então o Rio estava presente e, como homenagem, criei a figura de um Tritão com capacete e espada em uma citação ao sincretismo que associa São Jorge a Ogum. Além da ousadia do cetim em cores vibrantes, usamos o plush e tecidos tecnológicos: aspectos de plástico, telas transparentes e materiais que migravam do mercado de calçados e acessórios para a confecção. A cartela de cores não poderia ser mais arrojada e privilegiava o laranja e o azul royal. Nem a combinação nem os materiais eram considerados próprios para homens.

Tivemos duas passagens pelo Phytoervas Fashion, organizado por Carlos Pazetto e Betty Prado: em uma participação com outros estilistas do Mercado Mundo Mix e depois em um desfile solo televisionado pela MTV chamado "Medo de Amar", que levou a cantora Marina Lima à passarela.

Passamos a participar de fato do calendário de moda nacional ao sermos convidados para integrar a Casa de Criadores, evento organizado por Andre Hidalgo. A moda brasileira vivia um grande momento de sua história: os setores têxteis e de confecções, em seus diferentes setores, realizaram feiras e eventos, grandes marcas nacionais se destacaram e novos talentos foram valorizados.

Entre nossas sete participações na Casa de Criadores, um desfile se destaca: "O Mamute". Vi na capa do jornal uma foto que me impressionou: um bloco de gelo e dois grandes dentes do animal congelado. Mais que isso, a ideia foi ponto de partida tanto para a coleção quanto para a cenografia; nesta, falsas peles brancas tomavam todo o chão do palco e da passarela, remetendo ao polo Norte. Levamos para um público ligado em música techno um tema "pré-histórico". O fashion show, o espetáculo, é muito relevante se concordarmos que o sistema da moda – e todas as suas indústrias e negócios – depende de imagens fortes para realizar seus negócios.

A responsabilidade do fashion show se tornou ainda maior quando Paulo Borges nos convidou a integrar o line-up da São Paulo Fashion Week. Ocupando o maravilhoso prédio da Bienal de São Paulo com impecáveis salas de desfiles, lounges luxuosos de patrocinadores e instalações artísticas, a SPFW chamou a atenção da mídia estrangeira pelo brilhantismo da produção. De 2002 a 2013 realizamos 22 desfiles além de participações no Salão do Pret-à-Porter de Paris e vários desfiles no Dragão Fashion Brasil, de Claudio e Helena Silveira, maior evento de moda do Norte/Nordeste realizado em Fortaleza.

Em 2015, realizamos a exposição: "20 anos de Mário Queiroz – Rupturas" durante a primeira edição do evento Homem Brasileiro. Foi uma ótima oportunidade de rever nossos arquivos e acervo de desenhos, fotos, "clipagens" e peças. Por trás das roupas e dos acessórios vendidos em várias multimarcas do país e em nossa própria loja em São Paulo, existiram os processos de criação que envolviam "espetáculos" com convites disputados e cobertura de muitas mídias, um show de quinze minutos com muitos recursos e profissionais, como uma grande ópera.

DIREÇÃO CRIATIVA

O termo "diretor criativo", hoje usado no lugar de estilista ou designer, é muito apropriado pela importância da criação do conjunto, que vai além de desenhar croquis e desenvolver produtos para responder também pelo briefing ou mesmo pela concepção das campanhas e participação nelas.

Muitos dos temas de nossos desfiles eram cidades porque nossos principais concorrentes indiretos eram as viagens e porque o novo é sempre inspirador; afinal, "viajar é preciso". Um olhar muito exclusivo sobre as cidades foram portas se abrindo para novas ideias, formas e enredos. "Um outro lugar" sempre soa surpreendente: nossos olhares ficam mais atentos. Cores, formas e contornos saltam aos olhos de modo particular, diferente de como atingem as outras milhões de pessoas que por lá circulam. No caso da moda, isso é muito especial uma vez que as ruas inspiram e as produções precisam voltar às ruas para cumprir sua função.

Nosso primeiro desfile na São Paulo Fashion Week se chamou "Os viajantes". Trouxemos um casting de mais de trinta homens com cabelos enrolados "pelo vento", estampas de escritas de diários, tecidos manchados pelo tempo e correntes "streetwear" em ouro e pedras preciosas.

Paris, Londres, Salvador, Istambul, Edimburgo foram algumas das inspirações de nossas coleções para as roupas, styling, casting, mise-en-scène, cenografia, iluminação e trilha sonora. Buscamos sempre explorar o onírico, o inexplorado, como o imaginário coletivo. Em cada um dos lugares encontramos inspiração que aponta para algo mágico do dia a dia, e talvez aí esteja uma das maiores belezas da moda.

Nesse sentido, Salvador foi um grande desafio por ser uma cidade com imagens muito fortes relacionadas à religiosidade, às igrejas e ao candomblé. Eu queria falar de tudo que essa cidade nos traz de lindo mas com a visão de outro ângulo. Admirador do grande fotógrafo Pierre Verger, inspirei-me na Salvador em preto e branco de suas fotos do fim da década de 1940: da alfaiataria aos homens nos bondes, dos pescadores, dos rituais religiosos e das joias de crioula. Foi nesse momento que comecei uma bela parceria com a marca Rommanel como consultor e desenvolvi minha linha de joias.

"O Senhor do Castelo" foi a coleção sobre Edimburgo. Ao chegar à estação de trem, você já é impactado com um castelo de um lado da rua e de outros prédios originais do século XIX. Trouxemos para a coleção a influência das lãs, dos tartans, dos kilts e misturamos com coturnos e adereços de couro nas cabeças.

Istambul – a antiga Constantinopla – é, sem dúvida, uma cidade mágica: mesquitas, alto-falantes chamando para as orações, mercados e ruas repletas de homens. O desfile trouxe cores e tecidos leves em túnicas, paletós e calças exóticas para o verão de 2011. O make-up transformava os modelos em uma só imagem: homens de sobrancelhas fortes e peles marcadas pelo sol.

Paris nos inspirou uma coleção de alfaiataria com alta influência do streetwear com estampas e bordados de orquídeas. A cidade nos trouxe o homem que admira as artes e todas as expressões culturais: elegante, sofisticado e, ao mesmo tempo, confortável graças à sua autoconfiança. O rico cenário reproduzia no palco um café parisiense de onde saíam os modelos para a passarela.

O desfile inspirado em Londres tentou transmitir toda a influência da cidade na minha formação de designer, trazia punks e gentlemen, tanto quanto outras imagens que eram misturas, e reinvenções deles. Eles caminhavam sobre tapetes com grafismos resultantes da desconstrução da bandeira da Inglaterra.

Além das cidades, o próprio "viajar" foi inspiração: das caravelas do desfile "Navegantes" à coleção "Aeroporto", na qual os modelos andavam como se estivessem em filas de check-in: os elementos culturais eram tão misturados que tornava impossível decifrar suas origens.

Também me inspiraram as viagens dos mitos e sonhos: como a coleção Phoenix, em que a ave transcende a morte e aparece em diferentes culturas pelo mundo trazendo homens em um paraíso. Ou o sonho de ser um homem diferente do que a sociedade nos impõe. Apaixonado, ele escreve centenas de cartas que vão sendo espalhadas pela passarela enquanto um ator o representa, sentado em uma grande estante abarrotada de livros. A coleção "Embriagado de amor", com modelos de faces avermelhadas e lágrimas, contestava a máxima machista de que homem não chora.

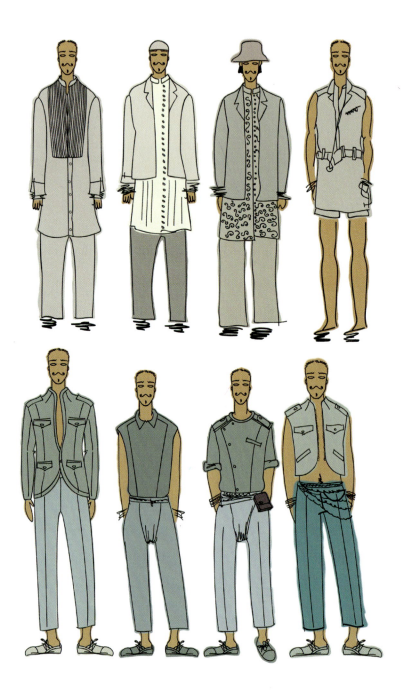

Capítulo 2

CORPOS E DESCONSTRUÇÃO DE MASCULINIDADES

Cada um herdou um corpo de seus pais e antepassados, o qual também transformamos ao longo do tempo. De frente para o espelho, analisamos nosso corpo em seu volume e detalhes: algumas partes nos agradam, outras não.

Chegamos ao século XXI com cirurgias plásticas, próteses e artifícios para modificar nossos corpos. Com o tempo, tais recursos aumentam em diversas áreas: das academias de musculação à indústria farmacêutica; vitaminas, anabolizantes, remédios para emagrecer, fortalecer e procedimentos para criar novos corpos.

Nossos celulares passaram a ser espelhos mágicos nos quais não só podemos nos ver como podemos manipular nossas imagens antes de exibi-las ao mundo. Os "câmera-fones" fizeram com que nos tornássemos modelos, e nosso dia a dia virou um grande editorial aguardando os likes.

Mesmo para o homem que não assume seu narcisismo, os celulares modificaram a relação com a imagem pessoal. Há muitos exemplos que demonstram como determinados cuidados se tornaram comuns em todas as classes sociais: design de sobrancelhas, depilação, cremes e cirurgias. O número de barbearias em todas as cidades, mesmo nas mais pobres, comprova que os homens hoje vão ao salão de beleza como as mulheres.

O corpo perseguido pela maioria dos homens ainda é o ideal da cultura greco-romana, que esculpiu seus deuses com proporções de superatletas. Mas mesmo a academia de ginástica passou a ser o lugar de exibição do corpo, que muitas vezes foi esculpido pelos bisturis. Não é a habilidade ou dedicação nos aparelhos que está em jogo, mas o quanto se consegue aproximar da desejada imagem de Apolo. O próprio gesto, a postura são estudados para se conseguir um corpo admirado e estimulado, instrumento da competição que o homem pratica com seus colegas todo o tempo. O peito estufado, o andar com os braços afastados do tronco e pernas mais abertas são a caricatura de uma inveja do corpo do Deus Atleta que ele nunca será.

Quando a sociedade discute a diversidade e nos provoca a ver beleza além dos padrões que cultivamos há tanto tempo, o homem "malhado" não é mais o único corpo possível. Além disso, o novo feminismo, que exige o espaço de corpos reais e a valorização de todas as cores de peles e traços individuais, influencia um novo senso estético entre homens. Mesmo que as mulheres não tenham os mesmos direitos e salários, elas forçaram seus competidores a estarem atentos também para a beleza e a moda. Todas as empresas desejam que seus colaboradores as representem bem, e com a presença feminina no mercado de trabalho a cobrança por homens mais cuidadosos com suas aparências ficou maior. Assim, o mercado de beleza e moda vê um aumento entre os consumidores homens: as ofertas de produtos para homens crescem nas gôndolas e, em particular na periferia, os cabelos começam a merecer atenção até maior, com destaque para os cortes sofisticados entre públicos masculinos. As barbearias das favelas e dos subúrbios vêm chamando a atenção pelo design diferenciado e pela adesão da comunidade.

CORPOS DE UM IMENSO LITORAL

A praia é o espaço realmente democrático, onde ricos e pobres se misturam, o que é um dado importante se considerarmos os mais de oito milhões de quilômetros do litoral brasileiro. Os corpos, quase sempre cobertos, nas praias estão expostos, e não só as mulheres mas também os homens se sentem à vontade para se expôr ao sol, mostrando as diferenças entre os corpos "reais" e os que estão ali para se exibir, sem distinção. O corpo bronzeado que é vendido para o turismo internacional se configura maior negócio durante o carnaval, festividade na qual não há limites entre as ruas e a praia. A exposição do corpo feminino demonstra como os meios de comunicação alimentam uma cultura machista em que a mulher pode ser objeto de desejo do homem, mas o contrário é tido como imoral. Ainda que tanto nas areias quanto na Marquês de Sapucaí homens e mulheres exibam seus corpos nus, a cobertura do carnaval (um dos espetáculos mais televisionados do mundo) se concentra nos corpos femininos.

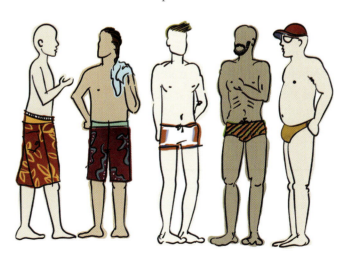

Entretanto, cada vez mais o corpo masculino vende e as redes de televisão abrem mão da falsa moral para faturar com a exibição de seus atores. Nas novelas, que representam grandes índices de audiência, em todos os horários, os atores tiram suas roupas com muita naturalidade. O termo "descamisado" tornou-se comum para denominar um ator que, em muitas ocasiões sem nenhuma explicação coerente com o roteiro, aparece de cueca em uma cena.

Cantores utilizam ainda esse recurso para conseguir mais audiência; é muito grande o número de clipes de cantores que sensualizam tanto quanto as cantoras. Muitos fazem sucesso não pelo repertório ou pela voz, mas pelo corpo.

Esses poucos argumentos já justificam a afirmação do quanto os cuidados com a aparência são estimulados também pelas mídias, que, ao expor o corpo masculino, vende uma série de produtos e serviços.

UNDERWEAR

Não só na moda feminina o underwear – a roupa de baixo – ganhou um status muito grande: se antes a mulher escondia as alças do sutiã, hoje elas fazem parte do look. As cuecas deixaram de ser peças invisíveis e, principalmente na década de 1980, passaram a ter importância no visual do homem.

O cós elástico das cuecas começou a ficar aparente e, além de ostentar o logo da marca, tornou-se item importante para uma moda masculina "fetichizada".

Quando criei minha linha de underwear tive uma grande experiência: o lançamento ocorria no período do desfile, deveríamos aproveitar a ocasião, mas ao mesmo tempo não queria usar a passarela. Então, tive a ideia de convidar a imprensa para um happening que aconteceria no nosso backstage da São Paulo Fashion Week. Posicionamos jornalistas e fotógrafos frente à área onde ficavam as roupas que seriam desfiladas. Os modelos entraram no camarim, colocaram-se diante do look que iriam desfilar e tiraram suas roupas com toda a naturalidade, mostrando a coleção underwear que lançávamos. A imagem dos trinta modelos só de cuecas provocou um frenesi muito maior que o provocado pela moda praia, que tem peças mais ousadas. Podemos justificar que o underwear está relacionado à intimidade e carrega, assim, um fetiche maior. Ou o lançamento para poucos dentro de um camarim pode ser mais instigante que a passarela. Seja como for, a situação nos ajuda a pensar o papel da roupa íntima com o corpo masculino.

Hoje, os jogadores de futebol são os grandes "garotos-propaganda" de grifes de underwear e vendem o status de sucesso (dinheiro e mulheres). No Brasil, além de o esporte ter sido associado ao universo masculino – e muitas vezes machista –, é uma manifestação dita popular: atletas e torcedores sonham enriquecer com o esporte. Os jogadores que conseguem atuar em grandes times e ser alvo de grandes negociações tornam-se os novos milionários e adoram ostentar isso. Lembro a experiência de ver um time de futebol entrando no avião: bonés, tênis, jeans, cordões, fivelas, bolsas, óculos, relógio, pulseira, anéis e o cós da cueca, tudo com a logomarca da grife de luxo em evidência.

Se nas campanhas o papel do atleta/celebridade é muito importante, no ponto de venda é diferente: nas embalagens de cuecas o modelo é desconhecido, as cabeças são cortadas ou escondidas nas fotos. Na gôndola da loja, entre as várias marcas de cuecas, o consumidor deverá escolher o modelo que mais lhe agrada: não necessariamente a peça de underwear, mas o corpo estampado na embalagem. Como em todas as relações de fetiche de produto da moda, vende-se uma fantasia, paga-se pela experiência de ser um "outro".

Jogadores dividem a popularidade com artistas, principalmente entre rappers. A primeira grande campanha de underwear, e talvez a mais marcante, foi com o então rapper Mark Marky, hoje o ator Mark Wahlberg, usando só cueca e boné. O cantor se apresentava sem camisa nos shows com a underwear aparente, o que passou a se chamar *sagger* ou *sagging*.

Por ser uma expressão do streetwear, o *sagger* – a cueca à mostra – começou na década de 1980, associado à cultura do rap, às prisões americanas e, em especial, aos negros e latinos. Surpreende que em uma cultura machista surja uma "onda" de mostrar o corpo, o que pode ser uma representação de poder, uma provocação, um deboche à imagem comportada do "homem de bem".

A moda de rua sempre influenciou o mainstream, movimenta o mercado com um grande número de marcas de streetwear e hoje atinge as grifes de luxo. Isso quer dizer que o adepto do *sagger* sai da marginalidade e entra para o repertório da moda masculina das grandes mídias.

Os garotos das periferias transitam seu estilo pelos corredores do metrô e se empilham em ônibus e trens. Eles moram em bairros pobres, carentes de saneamento, calçamento e levam horas no transporte entre casa e trabalho. Mas são eles quem mais influenciam a cultura contemporânea hoje; esses garotos continuam à margem, mas os olhares do centro estão neles; as nossas expressões culturais devem aos talentos e movimentos que surgem na periferia. Eles expressam e são referência para boa parte da população. Em muitas partes do mundo, as linguagens das ruas se conectaram e são chamadas de "culturas urbanas". A arte urbana, o rap e o funk são movimentos musicais indiscutivelmente importantes para o Zeitgeist deste momento e em muitas línguas. Seus artistas são vistos em toda a parte e são, ao mesmo tempo, o retrato de uma realidade e o sonho do sucesso. São inúmeros os artistas, somados os novos, os que começam a ficar conhecidos pela internet e os que representam negócios milionários. Com uma agenda que alimenta as redes sociais, tais artistas fazem muitos shows, produzem vídeos, vão aos tapetes vermelhos, são imagens vistas por milhões de pessoas.

Os rappers desde o início influenciaram a moda masculina e trouxeram vários elementos que até então não eram usados. Seus acessórios: bonés, óculos, anéis, cordões e brincos passaram a integrar o guarda-roupa sisudo masculino. A preocupação com o visual muito detalhado passou a ser tão importante quanto a música e a dança. Por trás de um astro famoso existe um grande produtor de moda para vesti-lo com as novidades das grandes grifes, que muitas vezes são seus patrocinadores.

Funciona da mesma maneira em vários segmentos da MPB. Chamam a atenção, por exemplo, as duplas sertanejas, um dos fenômenos entre o grande público brasileiro, que se transformam quando passam pelas mãos de um produtor de moda. Suas produções misturam tradições dos rodeios – como jeans, camisa xadrez e botas – a peças de grifes (com logos expostos) em proporções mais justas e sexys, acompanhando o corte de cabelo, as sobrancelhas desenhadas e a barba rala.

Certamente, os rappers, duplas sertanejas, outros artistas e jogadores de futebol influenciam o estilo do homem brasileiro. Os ídolos representam o sucesso que muitos sonham ter, por isso são garotos-propaganda concorridos no mercado, principalmente de marcas e produtos de grande distribuição.

Não bastasse se tornarem top models, os astros influenciaram agências de modelo a incluir outros tipos físicos além de homens brancos e fortes. Atualmente, a publicidade precisa também de tipos como os ídolos do rap e jogadores de futebol, pois eles representam a diversidade de cores de pele e mais flexibilidade na ideia de corpo ideal. Homens muito magros são preferidos pela moda, o que pode significar que a fragilidade é um atributo como repúdio a um machismo violento. A rua, centro de referência para a publicidade, aponta para outros corpos além da indústria do *fitness*.

A Geração Z, tida como aqueles que nasceram no início deste novo milênio, indica outras masculinidades. Há garotos interessados em misturar as representações ditas masculinas e femininas a ponto de não ser possível classificar. A diversidade, uma das maiores bandeiras desses jovens, influenciou uma estética que pode ser a soma de movimentos que vêm ocorrendo nos últimos setenta anos. Entre os homens dessa geração, a expressão de suas imagens são construções individuais que misturam elementos de outros jovens livres de tempos anteriores.

A moda, que representa misturas de diferentes referências construídas de maneira "particular", exalta a possibilidade de vários tipos de homem: com cabelos muito longos, lisos, encaracolados, afro, coloridos. As camisetas podem ser longas como os vestidos; as calças, justas como meias. Os guarda-roupas fluidos do homem e da mulher produziram a ideia de *no gender*, que surge como proposta de algumas coleções e experiências no varejo. Um grande exemplo foi Agender, uma instalação e campanha da Selfridges em 2015 que, durante dois meses, reuniu peças em que os consumidores eram "livres para transcender as noções de 'dele' ou 'dela'".

Sem as amarras das representações de gênero, outro limite que tende a acabar é a divisão de público por idade. Se antes a divisão por faixa etária dava conta de dividir os consumidores, hoje é preferível o conceito de "estilos de vida" porque este, sim, pode reunir pessoas de diferentes idades. Basta pensarmos em um concerto de rock: encontraremos homens de 20 e de 60 anos, com o gosto pela música e pelo estilo em comum. Modelos passaram a ter uma vida mais longa profissionalmente e o mercado quer também que os tipos grisalhos representem esse público.

Mesmo com a presença do conservadorismo, há um avanço significativo nas questões ligadas à diversidade que empurram para o mercado novas possibilidades de atuação. Sem padrões impostos de beleza, todos podem desejar ficar mais bonitos e querem encontrar produtos e serviços para eles. Surgem marcas com foco nesses consumidores que exigem modelagens diferentes, mas querem estar inseridas no movimento dinâmico da moda. O mercado plus size vem crescendo em diversos segmentos, mas com um grande desafio: não basta uma empresa fazer roupas básicas para os tamanhos grandes, os consumidores querem um bom design que atenda não apenas às necessidades mas também às vontades. São desafios semelhantes com os homens portadores de algum tipo de deficiência física: existe uma preocupação com o tecido, a praticidade e os acabamentos, mas, como todos os outros, os homens querem e devem ter a opção de criar a própria imagem.

O PÊNIS E A MODA

Em 2015, o desfile do estilista americano Rick Owens chamou a atenção porque algumas roupas deixavam à mostra parte do pênis; isso ocorreu porque as túnicas tinham aberturas ou eram muito curtas e os meninos não usavam cuecas.

Pensar pênis e moda é juntar dois grandes universos repletos de tabus principalmente hoje, divididos em grupos conservadores e grupos em busca de ampliar as possibilidades de representação de masculinidades.

Os dois assuntos andam juntos. Nossa sociedade proíbe a exibição dos órgãos genitais pelas roupas, mas fetiches e fantasias são alimentados pelo mercado. Em torno do tabu do tamanho do pênis, vende-se muita mercadoria, enquanto para muitos ainda não é permitido nem falar de sexo.

Uma imagem muito relacionada ao assunto é a capa do disco dos Rolling Stones *Sticking fingers*, de 1971, com um close em uma calça jeans apertada, ideia do sempre provocador Andy Warhol. A capa do vinil tinha um zíper, mais um elemento fetiche do jogo esconde-mostra que a moda faz tão bem.

Dentro de nossa cultura falocrata, desde pequeno o homem se preocupa com o tamanho do seu pênis, em especial se é maior ou menor que o dos amigos. Mesmo não sendo um assunto discutido abertamente, ele justifica o sucesso da comercialização de produtos que prometem o aumento do órgão, assim como enchimentos ou mesmo acessórios que simulem volume na frente da cueca. São assuntos "por baixo dos panos" mas relevantes, pois mexem com a essência da masculinidade: o pênis como um trunfo, um símbolo de superioridade que desde o início da história da indumentária sempre teve importante papel. Nas pinturas do século XVI vemos como a região do pênis merecia artefatos que ganhavam destaque nas calças coladas ao corpo. O termo braguilha vem do inglês *codpiece* (no inglês medieval *cod*, que significa escroto, é uma peça do vestuário masculino usada nos séculos XV e XVI). Na Renascença os homens usavam roupas justas que sugeriam homens atléticos, mas sem dúvida a peça mais poderosa como símbolo do poder masculino eram os *codpieces*, que a princípio tinham função de praticidade e proteção. Surgiram também por razões de pudor: os homens vestiam calças muito justas que eram abertas no entrepernas, de modo que os órgãos genitais "precisavam" ser cobertos por essas "braguilhas". Mas passaram a ter proporções tão avantajadas que ganharam outras funções: chamar a atenção e demonstrar poder.

Um estudo realizado na Universidade de Cambridge por Victoria Bartels, chamado "What goes up must come down: a brief history of codpiece", detalha a história dessa peça tão importante que, por dois séculos, revelou uma grande preocupação com a masculinidade, as proezas militares e a virilidade.

Segundo a historiadora, no século XV os homens usavam gibão ou túnica na parte superior do corpo e pernas de lã ou linho separadas, presas na parte de cima da roupa, e tudo era envolto por uma capa. O primeiro *codpiece* teria sido um pedaço de pano triangular, preso às pernas e aos cantos restantes do gibão para formar um tipo de reforço. Essa aba triangular foi substituída por outra recheada e acolchoada.

A masculinidade estava em alta no século XVI, juntamente com noções de cavalheirismo, honra e romance. Os *codpieces* foram logo adotados com o propósito de provar a masculinidade da maneira mais gritante. As versões mais elaboradas eram vistosas. Nenhuma despesa foi poupada: as peças foram feitas em veludo de seda de luxo, enfeitadas com joias ou bordadas. Até os jovens foram obrigados a usá-los.

Durante os anos finais do século XVI, ela sugere que o *codpiece* foi diminuído em tamanho e, por fim, suplantado pelo surgimento de outra tendência conhecida como *peascod*, símbolo ligado à virilidade.

De acordo com o historiador Peter Garland, os homens logo descobriram que o tamanho e a proeminência dos seus *codpieces* poderiam ser aumentados com enchimento, e então surgiram tamanhos bizarros. Na Inglaterra a moda dos *codpieces* foi importante no reino de Henry VIII, famoso por suas curvas, quando se criou um modelo de forma oval alongada.

Em nossos dias, os *codpieces* fazem parte da cultura Leather, que pode ser entendida como estilos em torno do simbolismo de vestuários e acessórios de couro. Existem grupos entre todas as preferências sexuais, mas as práticas estão associadas ao BDSM (*bondage*, dominação, sadismo e masoquismo).

A cultura Leather encontrou o mainstream pelo rock heavy metal, principalmente com a banda Judas Priest no fim dos anos 1970. A banda Kiss também usou o *codpiece* em seus figurinos.

Hoje, variações do *codpiece* podem ser compradas pela internet em diversos materiais, como o látex. Em uma referência ao futuro, o personagem Darth Vader de *Guerra nas estrelas* usava um cinto *codpiece*. A influência está presente em coleções de moda de diversas épocas, e os *codpieces* podem ser percebidos em interpretações com metais, amarrações e abotoamentos diferentes.

O NU

Quando o corpo masculino é apresentado fora de um entorno erótico de corpos apolíneos em poses sensuais, caem por terra as representações de virilidade e de supremacia.

Em 2002, a campanha do perfume M7, de Yves Saint Laurent, mostrava um modelo nu com o pênis aparente. O designer da marca era Tom Ford, que declarou ter se inspirado na foto de Yves nu em 1971. A foto transmite naturalidade – é apenas um homem sem roupa –, mas foi proibida em várias mídias que só vincularam a versão *soft*, sem a exibição do pênis.

A revista *Man about Town*, em um editorial com um modelo em nu frontal, porém de maneira muito natural, citou que as mídias de moda buscam se aproximar de seu público com a honestidade em suas imagens, sem intenção de chocar ou erotizar. Segundo a revista, a nudez masculina é sempre tratada com muito *airbrush*; o púbis está raspado como um Adonis. A nova fotografia de moda masculina está buscando algo além do modelo que remete à expressão "veja como eu sou quente". A revista *Fantastic Man* procura novas linguagens e seus editores dizem que toda a produção de imagens pretende seduzir, mas não de modo grotesco ou banal como tem sido em uma sociedade hiperssexualizada que se firma no poder do choque.

Em 2016, Vivienne Westwood apresentou seus cordões com pingentes em formas de pênis. A designer, que tinha o nome associado à história do movimento punk, com certeza desejou mais uma vez provocar, como faz em todas as suas coleções, em busca de uma moda masculina diferente das marcas comportadas cujos clientes são homens de aparente moral muito rígida. Já em 2018, a marca Yves Saint Laurent lançou em seu site um par de brincos e um colar com o formato da genitália masculina. As peças são feitas em latão dourado e chegam a custar 2,5 mil reais. Em forma de pênis, os acessórios estão à venda no site da marca e carregam o monograma da grife, que traz o nome Saint Laurent Paris.

Tanto hoje quanto no século XV, continuamos a dispor de itens da moda projetados para atender à preocupação do homem com o tamanho de seu pênis: bojos anatômicos em espuma ou cuecas já com preenchimento são oferecidos por diversas marcas e preços. O mercado também coloca à disposição diversos tipos de pênis de borracha, alguns para brincadeiras sexuais e outros especialmente para criar um volume maior na frente da calça.

Capítulo 3

DA RUA PARA A LOJA

É incrível pensar que só na metade do século XX passamos a considerar os jovens. Antes, em uma sociedade firmada pelo casamento, dividida entre casados e solteiros, só existiam adultos e crianças. Os homens eram crianças, e até se casarem deviam obediência e estavam subordinados aos pais. Para a história de nossa sociedade ocidental, o rompimento dos filhos com as vidas e os ideais da família tradicional é um marco, o fim de uma continuidade e o surgimento de outras maneiras de viver. O modelo americano começou a ruir com os resultados das guerras, com a expansão do pensamento, com as descobertas de outros estilos. O cinema, nossa grande memória, estava ali documentando os primeiros transviados, tidos como perdidos por não seguirem os padrões vigentes. Marlon Brando em *O selvagem da motocicleta* e James Dean em *Rebelde sem causa* são grandes exemplos de como as telas apresentavam novos tipos de homens diferentes dos engravatados e entediados. No lugar de um só modelo, vários modelos: dos mais rebeldes como os *bikers* aos engomadinhos *moods*, cada um com um visual próprio, todos reinventando a antiga forma de representação masculina.

Uniformes militares, calças resistentes de mineradores ficaram no lugar dos paletós e camisas engomadas. As caracterizações de cada grupo eram invenções espontâneas que o mercado tratou de absorver rapidamente para abocanhar uma enorme faixa de consumidores. A indústria de moda ampliou-se do mesmo jeito que se transformou: ganhou mais ousadia e mais velocidade para acompanhar esses novos públicos. Mesmo aqueles cuja filosofia era o desprezo pelo capitalismo serviram de inspiração para a indústria de moda inventar os hippies ou revolucionários de boutique.

A música, ao lado do cinema, anunciou os novos tempos. Novos ritmos embalaram os anos 1960 e 1970, quando os jovens ganharam o mundo. As transformações passaram a ser percebidas pelos cantores e bandas que, nas canções e no visual, apontavam cada transformação que suas gerações estavam vivendo.

A virada do visual dos Beatles serve para demonstrar o que aconteceu. Se no início esse grupo usava ternos de Pierre Cardin, depois da viagem para a Índia seus integrantes adotaram túnicas, estampas psicodélicas e cores vivas. De "modernos" a "hippies", eles não só inspiraram jovens de todo o mundo como até hoje são referência para nossos dias.

Ao recusarem as roupas dos adultos caretas, os jovens recriaram o sentido da moda: os costureiros e o comércio de roupas não indicavam mais o que eles deveriam vestir, mas, sim, os criadores, que precisaram se inspirar nas criações vindas das ruas. Com o surgimento de diversos estilos entre os jovens, a moda passou a retratar e a reproduzir as invenções da rua.

A liberdade passou a ser um desejo expresso tanto pelos jovens, que saíram das cidades e foram para o campo em comunidades alternativas, quanto pelos surfistas, que encontravam nas praias os espaços preferidos, pelos urbanos, que desfilavam nas ruas suas ousadias, e pelos que deslizavam pelo asfalto. A busca pela liberdade dos negros também ecoou forte por vários estilos musicais que lançaram e, claro, pela contribuição que deram para os novos visuais de jovens inquietos e dispostos a preservar suas conquistas e o respeito pelas suas escolhas.

A moda deixou de ser assunto das colunas sociais e passou a se dirigir aos jovens, que explodiram como os maiores consumidores de tudo que os ajudava a se expressar com mais intensidade.

O "unissex" ressoa ainda como algo muito forte, fruto de movimentos sociais pelo fim de "minorias". Homens e mulheres usando o mesmo tipo de roupa e cabelo foi o sinal de enfrentamento às camadas mais conservadoras, e isso mudou completamente a lógica das marcas até mais tradicionais.

Como herança do agito cultural dos anos 1960 e início dos anos 1970, vimos um homem menos preocupado em manter a imagem conservadora e que investe em cores, estampas, enfim mais sexy. As *Saturdays night fevers* foram exemplos de como os homens jovens preparavam seus visuais para brilhar tanto quanto as mulheres nas pistas.

Paralelamente a isso, o termo "streetwear" começou a aparecer no fim da década de 1970, embalado pela construção de uma moda vinda do próprio consumidor jovem de décadas anteriores. Passou a ser um novo segmento associado ao surfwear: no lugar de descer as ondas com suas pranchas, os skatistas desciam as ruas. Em vez de bermudas para água, bermudas confortáveis que facilitassem os movimentos. Enquanto os surfistas traziam estampas coloridas e tropicais para as suas camisetas, os skatistas vestiam t-shirts em tons de cinza com logos e símbolos que remetiam às pichações. Não se tratava de roupas para a prática de esportes (activewear), mas para o dia a dia. Como os praticantes de surf optavam por uma vida diferente dos executivos, diferente do habitat das grandes cidades, eles poderiam usar tênis (sneakers) ou sandálias no lugar de sapatos, camisas de mangas curtas e calças soltas, não ternos.

A verdade é que o setor de confecção de surf percebeu as relações entre os dois esportes, pois muitos clientes viam o skate como uma ótima alternativa quando estavam longe das praias. Os próprios empresários do surfwear começaram a desenvolver o setor do skatewear já que as matérias-primas, a mão de obra e o maquinário eram compatíveis e, principalmente, porque a venda poderia ser feita nas mesmas lojas. Entre os empresários, muitos eram praticantes desses esportes, o que pode ainda ter sido um dos fatores importantes.

O streetwear tem subversão no seu DNA, a começar pelo próprio skate que invadiu ruas feitas só para carros. Seus seguidores vêm de universos marginalizados: periferias, negros, latinos, presos. Seus códigos, inclusive as roupas, traduzem tudo isso em modo de provocação. O *oversize* serviu de deboche aos homens "engomadinhos": as peças amplas sobre o corpo, ao contrário dos padrões imutáveis há pelo menos duzentos anos. Também pela primeira vez, os uniformes de trabalho surgiram como referência: macacões, cores fortes e faixas de segurança, a moda masculina ganhava um novo nicho que se relacionava com o exterior e não com o interior dos escritórios. Os embaixadores do streetwear eram bandas e cantores de rap e hip-hop, e os looks eram repletos de detalhes: correntes, lenços, chapéus e meias. Nos pés, tênis bicolores e de vários tipos fortaleciam a indústria de sneakers, mas a marca que mais se destacava era a Vans, cujos modelos tinham solados mais apropriados para os skatistas. Elementos retrô como regatas por baixo das camisas, tricôs e calças de alfaiataria faziam parte de uma cuidadosa produção de moda, porém tratada com irreverência e falsa displicência.

A primeira grande marca a abrir espaço para o streetwear foi a Stussy: o fundador era um californiano dos anos 1980 que usou a assinatura da sua prancha em uma camiseta junto com elementos punks e *rasta*, o que incomodou o mercado de surfwear. O cenário cultural da época ajudou muito: naquele momento, os grafites e o hip-hop começavam a ganhar espaço e os jovens contrários ao estilo dos yuppies estavam à procura de linguagens provocadoras.

UNIFORMES NO STREETWEAR

Além do agasalho esportivo das marcas de activewear, os seguidores do hip-hop, o streetwear, apropriou-se de outros itens dos uniformes esportivos, como as jaquetas bicolores e as camisas do beisebol. Assim como aderiram a uniformes de trabalho, o workwear – roupas para trabalhadores – passou a influenciar o streetwear em diversos aspectos. Grande exemplo disso é a Carhartt, marca que nasceu no ano de 1889 em Detroit com a produção de peças resistentes, duráveis, próprias para todos os tipos de condição de espaço e clima e que passou a ser usada pelos adeptos do street a partir da década de 1980. Cem anos depois, foi criada a Carhartt Work In Progress (WIP) com peças semelhantes, mas voltadas aos jovens admiradores do streetwear. Desde então, suas peças tornaram-se essenciais ao guarda-roupa urbano. As parkas – jaquetas mais longas com quatro bolsos – passaram a fazer o papel dos paletós na produção de um look streetwear, aparecendo em tecidos pesados como jeans e no nylon.

Dos exércitos vêm as maiores influências para o streetwear, que, além da resistência e praticidade, fazem associação com zombar do poder ao se apropriar de um traje do sistema da ordem do Estado. Os jovens passaram a usar a cor cáqui, calças cargo e estampas camufladas desde a década de 1960, quando exigiam paz. De lá para cá, os brechós são abarrotados de peças dos uniformes militares, que vêm se ressignificando. Por exemplo, para os punks, o uso de uniformes é uma mensagem de anarquia; os rasgos, os alfinetes, as pichações sobre os tecidos são alguns sinais. As marcas de streetwear trouxeram os elementos do militar para seu estilo *oversize* e se distanciam do significado inicial delas para lhes dar a mesma importância que a roupa do trabalhador.

> O uniforme é o reflexo de uma sociedade hierarquizada e estruturada e surge como um emblema de ideologia da coesão de uma nação, uma classe ou instituição, por outro lado o tecido como o jeans é o reflexo de uma sociedade indiferenciada. (Baudrillard, UNIFORM, p. 201).

O jeans – índigo, black, color – apareceu no streetwear em diversas peças e trouxe o gosto pelo tecido com tramas aparentes e sem muita lavagem, com o mesmo estilo das sarjas e telas de algodão que usa. Uma peça diferenciada do street dos anos 1990 foi a bermuda extra-large e comprida de jeans, além da forma reta e extra-large das calças.

DO *FAST* À SUSTENTABILIDADE

A cultura dos brechós já vem de algumas décadas nos Estados Unidos. Tanto em Nova York quanto em Los Angeles, o comércio de roupas usadas de todos os tipos e origens sempre foi uma prática e competia com os lançamentos. Para a criação de novas coleções, os estilistas pesquisavam nos brechós novas modelagens, estampas e se influenciavam por peças mais sofisticadas, bem como por casacos do exército, e mesmo o jeans mais antigo se convertia em algo muito valioso. O uso de peças antigas trazia em si uma contestação e levava de certo modo a uma customização, expressão que só ficou popular há algum tempo contra o sistema de produção em série.

Em 2019 os focos se voltam muito para os brechós, o que é interessante em uma cultura de fast fashion. Com os jovens cada vez mais engajados nas questões ligadas à ecologia e à luta pela preservação do planeta, o assunto de dar vida mais longa às roupas passa a ser muito sério. O que isso quer dizer hoje? A produção em série, que desprezou a criação de coleções para dar origem a novas peças avulsas semanalmente, começa a ser contestada pelo viés da sustentabilidade – que defende uma produção mais consciente e que cause menos danos ao meio ambiente – e pelo grande interesse no processo: quem fabrica, como fabrica, para quê e por quê. Para muitos jovens, pensar no processo vem ao encontro de um mundo menos acelerado e mais consciente. Com muitos adeptos do veganismo e da espiritualidade, podemos explicar um caminho da moda no sentido contrário da "moda rápida" e muito mais próximo da "moda devagar" (slow fashion). Como percebemos esse caminho? Percebemos pelo interesse de designers em uma produção mais personalizada e fruto de histórias que querem contar (storytelling) e, também, pelo reaproveitamento de tudo o que já foi produzido e que pode ocorrer de algumas maneiras: seja pelos próprios experts da comunicação de moda que incentivam a produção de cada um com a mistura de suas peças antigas com peças de lançamento – o que valoriza os brechós – , seja pelo upcycle, um processo de criar novas peças de peças descartadas.

Ainda que parte da Geração Z esteja muito interessada em um novo par de tênis, goste de ostentar o logotipo de marcas, consiga colocar em um patamar de luxo as suas marcas preferidas de streetwear, esteja muito envolvida com tecnologia e alimente a violência por meio de seus jogos eletrônicos, é preciso considerar outras camadas.

Das periferias – onde estão as maiores vítimas da violência – são inúmeros os movimentos em busca de valores diferentes de uma sociedade de consumo desenfreado. Eles se expressam na música, na dança, nas artes e vêm alcançando visibilidade internacional. O que eles vestem? Além das marcas street/esportivas que muitas vezes os apoiam, eles seguem à procura de autenticidade e originalidade. Então, vemos uma nova safra de designers de moda com produções limitadas; em todas as cidades os centros de moda se deslocaram para bairros onde pequenos negócios apresentam maior número de novidades do que grandes avenidas com grandes conglomerados de lojas de fast fashion. Nesses centros "cult" de moda, muitos designers atendem seus clientes em lojas compartilhadas e butiques. Eles usam o e-commerce, mas valorizam a experiência da compra, da moda personalizada. Trata-se de um público consciente que também valoriza o upcycle e os brechós.

Assim se confirma que a moda hoje vem das ruas. Se antes as camadas mais pobres esperavam as sobras dos ricos, o processo inverso mostra marcas e designers dos movimentos que surgem espontaneamente de comunidades e periferias.

Capítulo 4

MILITAR UNIFORMIZADO

Os militares representaram ideais de virtudes como disciplina, patriotismo, coragem, força física e orgulho. Os serviços públicos eram vistos como exemplos de disciplina, incorruptibilidade, habilidade de se integrar em uma administração hierárquica, orgulho e senso de responsabilidade. Mulheres, ao contrário, tinham de ser humildes e dóceis, e praticar obediência aos homens. Então, os uniformes poderiam ser entendidos como símbolo e enfatizar demonstração de superior masculinidade e uma polarização de gênero em uma sociedade civil.

(Mikosch apud MCNEIL,2009, p. 121)

As análises da moda masculina chegam sempre na uniformização pela severidade e repetições de uma mesma fórmula de formas, volumes e tecidos. A figura do soldado se tornou um verdadeiro arquétipo: a imagem do homem de uniforme, como ele se porta e sua expressão séria. Próximo ao soldado, seu entorno: campanhas de alistamento militar, aulas de civismo na escola, fotos de guerra.

O soldado ajuda a construir nosso sentido de masculino desde que somos crianças, na passagem à vida adulta faz parte o alistamento, além de relações de obediência, disciplina e respeito. Mesmo para o civil, as referências estão sempre presentes, como na expressão "em guarda". Os uniformes militares influenciam os trajes civis na mesma intensidade que a imagem do militar influencia a formação do homem. Vemos como o serviço militar – obrigatório em muitos países, como o Brasil, a todos os jovens que chegam aos 18 anos – é essencial para a construção do que se espera do masculino.

O corpo masculino uniformizado aparece como referência constante para os criadores de moda, seja para os designers, seja para os produtores e fotógrafos. Pesquisamos a relação do corpo masculino com os uniformes militares do século XVIII em diante porque encontramos uma conexão muito estreita com a construção do terno (costume), considerado o traje masculino até nossos dias. Os uniformes militares europeus a partir desse século deixaram de ter muitos ornamentos, sua maior preocupação era como eles ajudaram a firmar a postura rígida dos militares. Além disso, passaram a ter características mais práticas no que diz respeito ao uso de materiais.

Uma pesquisa sobre os uniformes pode nos levar ao complexo conjunto de imagens que envolvem o corpo: roupas, casacos, calças, botas e acessórios, como também gestual, movimentos e expressões.

As revistas e campanhas de moda se inspiraram, nas últimas décadas, no imaginário em torno desse homem uniformizado, alimentando assim a figura do herói, do homem frio, pronto para o combate, vitorioso e admirado pelas mulheres. Sobrancelhas cerradas, maxilares marcados, expressões sérias dominam os materiais fotográficos dos modelos, demonstrando o que as agências e o mercado esperam da representação do masculino.

OS UNIFORMES MILITARES

Os uniformes militares mais práticos, sem muitos ornamentos, surgiram na Prússia no início do século XVIII. A mudança para uniformes com tecidos mais adequados a novos conceitos de higiene, somada à exigência de cuidados pessoais e rigor na limpeza e conservação das roupas e botas também influenciaram os hábitos dos civis. No século XIX, a ordem hierárquica militar atingiu a administração pública. Servir o exército significava uma das principais diferenças nos direitos e deveres de homens e mulheres; o serviço público seguia a mesma norma. Enquanto os homens de todas as classes puderam seguir carreira militar e em órgãos públicos, as mulheres ficaram de fora e foram excluídas do processo político, sem direito ao voto.

O soldado passou a ser ainda mais relacionado a uma estética do corpo trabalhado com exercícios físicos, cujo ideal era a escultura romana do deus grego Apolo, representado como um atleta jovem, alto e esbelto, com pernas compridas, quadril e cintura estreitos, músculos bem tonificados e peito largo.

Os uniformes ajudavam os soldados a parecerem-se com a escultura de Apolo. Os corpos eram praticamente "amarrados", seja pelos materiais, muitas vezes uma lã muito grossa, seja pelo uso de uma modelagem em tamanho menor para garantir uma postura "correta". Mikosch descreve:

> As cavas puxavam os braços para trás e impulsionavam o peito para a frente, forçando o homem a assumir uma posição verticalizada (...) A construção enfatizava o peito, que era aumentado pelo pesado acolchoamento frontal. (...) O peito largo foi entendido como um sinal particular de força masculina, então os homens que entravam no serviço militar na Alemanha, em 1877, tinham de ter o peito com a circunferência no mínimo igual à metade do comprimento do corpo. Junto com a gola, o alfaiate forçava o homem a adotar uma postura ereta, colocar seus braços para trás e empurrar seu peito para a frente. As calças dos uniformes eram feitas para que os homens parecessem mais altos. O corte era muito longo e cobria os calçados. (apud MCNEIL, 2009, p. 123)

A roupa tinha o papel de levar o homem a assumir força física e mental superior. A modelagem e a costura de um casaco de um uniforme no século XIX influenciaram a alfaiataria e nos deixaram entender seu significado, como analisaremos mais adiante.

No século XIX, a carreira militar ganhou status perante as mulheres, que passaram a considerar os soldados "bons partidos" para casamentos; enquanto isso, elas desenvolviam um lado de submissão e subserviência.

A carreira militar representou não só uma boa alternativa de trabalho como trazia um status de pertencimento ao mundo masculino. A disciplina nos quartéis é representada pelas exigências na apresentação de cada soldado. As regras são rígidas e não possibilitam variações. O soldado deverá cuidar não só de sua aparência (incluindo corte de cabelo e barba bem feita) como das roupas e dos calçados. As botas vão além de seu uso adequado aos combates: garantem o poder do Estado como mantenedor da ordem, e estão cercadas de simbolismo que migraram para a moda.

Esses calçados feitos para qualquer local de combate, resistentes à lama, à chuva e ao sol, com solados fortes e amarração nas pernas, protegendo-as de contusões, também são símbolo de força. Como sinal de dominação, estão relacionados às imagens referentes à violência.

A separação entre o mundo dos soldados e o dos civis marca a construção de uma masculinidade repleta de signos que ditam o pertencimento e a obediência às regras, sem concessões. O simbolismo do uniforme militar foi tão importante que utilizou elementos similares e influenciou outras instituições na elaboração de seus uniformes, como foi o caso das escolas. As divisas (do termo francês *dévise*, que indica missão) eram usadas em um quadro de hierarquia que ainda fazia parte das roupas dos civis: a cor e a forma indicavam a posição do indivíduo no ranking social.

Diante de um homem uniformizado, sabemos que ele tem poder de autoridade, tem licença para portar armas e permissão para colocar outros homens na prisão. De certa maneira, a moda, hoje, propicia a qualquer um ser reconhecido pela sociedade exibindo um status que pode não corresponder à sua realidade. O modo como o indivíduo se apresenta, impõe uma posição perante os outros. Aqui chegamos ao ponto em que o costume de fato se assemelha em significado ao uniforme militar: o homem para impor respeito veste um terno, seja ele um executivo, seja um segurança.

"SENTIDO!"

A hipergramática da forma militar avança para os gestos. Soldados não andam, marcham. (Greco apud BONAMI, GRISA, TONCHI, 2000, p. 151)

Na gramática do corpo, os cabelos são completamente padronizados, sempre curtos, sem detalhes ou variações. O "corte militar" atravessa décadas e se torna referência de masculinidade. Em outra extremidade, os cabelos longos sempre estiveram relacionados àqueles que questionam a disciplina e o uso do poder. O rosto sem barba aparece como sinal de limpeza e precisão no cuidado pessoal, é referência para muitos ambientes de trabalho, em especial os mais tradicionais, como o mercado financeiro.

Das peças dos uniformes militares que foram adotadas na moda masculina, um bom exemplo é o cordão com placas de identificação, que se transformou em uma das poucas bijuterias usadas pelos homens. O mesmo aconteceu com as calças camufladas, largas, com grandes bolsos utilitários, não apenas as reproduzidas pelas grifes jovens como as versões originais, objetos de desejo, encontradas em brechós, e que em outros tempos chegaram a ser negociadas entre soldados e civis. Também as parkas se tornaram comuns na moda masculina; são as versões mais despojadas das jaquetas, com vários bolsos, que se transformam em peças utilitárias.

A influência dos militares passa pelo vestuário para atingir o gestual e a maneira como os homens se apresentam, estabelecendo regras de postura. Um pelotão, seja em posição de sentido, seja marchando, reproduz o senso de disciplina e impõe o poder que se espera da masculinidade. O corpo em posição rígida reproduz as estátuas e pinturas de heróis, posturas longe de ser naturais e que são treinadas nos quartéis aos gritos e insultos.

> "Atenção! Sentido!" A posição de permanecer em atenção significa ficar em uma postura exigida na presença dos superiores ou próprias para o ataque. Esse estado de alerta é uma constante do sistema, em que o trabalho está relacionado à luta, à concorrência, tornando o outro um inimigo. A crise econômica na maioria dos países pode ser considerada um dos principais motivos da insegurança, fazendo com que o homem se sinta ameaçado o tempo todo. É provável que sua postura não seja de relaxamento, ele se coloca "armado" diante dos outros e assim se mostra com sua postura de poder: "Muitos animais diante do perigo ou em situação de alerta assumem uma posição imóvel, rígida, o que é completamente artificial para os humanos. (Greco apud BONAMI, FRISA, TONCHI, 2000, p. 151)

O FETICHE DO UNIFORME

Por causa de sua associação com autoridade e força – soldados, policiais e guardas de prisões –, os uniformes são relacionados à potência sexual. (Buckley apud BONAMI, FRISA, TONCHI, 2000, p. 205)

Na construção de imagens de moda em editoriais e propagandas, são constantes as referências militares, seja na roupa, seja na beleza, na postura, na locação ou no cenário. A indústria, ao querer vender a imagem máscula "incontestável" dos tipos militares, coloca os modelos, de maneira direta ou indireta, como soldados. As locações ou os cenários fazem referência, muitas vezes, a ambientes de guerra: desertos, escombros, áreas em demolição, cânions e outros ambientes em que a coragem do homem é testada.

Nas revistas de moda, a representação do militar aparece de dois modos diferentes: limpo, impecável, pronto para ser condecorado ou suado, sujo, em um campo de batalha. Os músculos, em especial os bíceps trabalhados por muita ginástica, aparecem expostos. O corpo musculoso faz parte do uniforme, devidamente idealizado e elaborado.

O cinema renova com frequência sua constelação de atores musculosos, muito mais capazes de correr, lutar e demonstrar força do que de interpretar. Nos filmes atuais, além de reconstruções de campos de guerra, a guerrilha urbana e as ficções científicas são sempre usadas como cenários para esses atores e seus dublês, em cenas com muitas explosões e perseguições, em que eles têm de demonstrar a resistência e a força sobre-humana dos personagens machos com todos os valores morais dos soldados.

Nesses filmes hollywoodianos, os soldados envolvem em seus braços musculosos belas atrizes. Esses homens "perfeitos" passam por tão bons amantes quanto por defensores da pátria e servem de inspiração para uma legião, que mesmo fora do exército, busca a musculação e, em consequência, a sensualidade. É normal haver cenas em que se tornam *sexy symbols*, capazes de promover momentos de puro erotismo nos intervalos das cenas mais violentas.

Muito da conotação erótica dos uniformes vem da associação do sexo com violência. Nos jornais e nos filmes, as imagens garantem esse binômio em que de novo o poder sobre o outro é a chave central. A lista de personagens militares de

Hollywood passa por militares, policiais, detetives e espiões que inspiram as produções de moda. Em comum, o porte de armas, a força, a disposição para o combate e, em particular, a moda – da beleza aos acessórios –, eliminando qualquer sinal de fragilidade.

O UNIFORME E O HOMOEROTISMO

Na fotografia de moda, o homem uniformizado pode ser associado ao homoerotismo: muitas das imagens são releituras de arquétipos com traços óbvios ou que causem estranheza. Algumas vezes são traduções literais e até caricaturais, em outras misturam erotismo, perturbação e perplexidade.

Quando o pornográfico é explorado, um artista que serve de referência é Tom of Finland. O ilustrador produziu um grande número de obras, sempre representando homens musculosos em excesso, uniformizados, em geral com calças de estilo militar muito justas, botas e capas. Seu trabalho, situado em um momento pré-aids e pré-internet, é reconhecido como importante obra do homoerotismo. Os desenhos de Tom of Finland inspiraram vários artistas, entre eles fotógrafos que buscam referências em suas obras não só para a produção de imagens eróticas como para o mercado editorial de moda e propaganda. Sua obra, que começa nos anos 1950 e ganha força a partir dos anos 1970, influenciou ainda a moda dos designers que manifestaram na passarela o jogo do poder, tendo como representantes homens uniformizados.

O estilista Jean Paul Gaultier sempre trouxe para a passarela "tipos da noite", inspirado na literatura, no cinema e, acima de tudo, no imaginário parisiense. Suas coleções masculinas começaram a surpreender desde o início de seu trabalho, nos anos 1980, por fazer uso de arquétipos e do cruzamento de elementos do guarda-roupa masculino e feminino. Nas passarelas, vestiu modelos fortes e másculos, misturando elementos de uniformes com outros ditos femininos. Gaultier ganhou notoriedade principalmente por suas composições provocantes de roupas e acessórios e pela mise-en-scène de seus desfiles.

Gaultier tomou a camiseta listrada de marinheiro como referência constante de suas coleções, além de citar diversas vezes o universo de Jean Genet, eternizado na figura de *Querelle* por Fassbinder.

A roupa de marinheiro, justa e confeccionada em tecidos leves rompe com a austeridade dos uniformes militares, contorna e mostra as formas do corpo masculino, enquanto as camisetas listradas se referem aos padrões mais presentes no vestuário feminino. Segundo Burckley:

> Enquanto muitos uniformes representam poder e autoridade, existe um que é mais infantil e meio feminino: o de marinheiro. O decote "V" que termina na altura do peito, a calça justa que leva os olhos para o genital e para o traseiro. Talvez por gastarem tanto tempo no mar, longe da companhia das mulheres, quando retornam à terra estão dispostos a tudo; marinheiros têm sido sempre associados a ícones gays. (apud BONAMI, FRISA, TONCHI, 2000, p. 207)

Se os soldados são tipos machões dominadores que não devem ser encontrados nos bares bebendo com civis, os marinheiros sempre foram tratados como aqueles que quando estão em terra se permitem todo o tipo de aventura. No imaginário alimentado pela literatura e pelo cinema, os marinheiros são aqueles que desfrutam dos prazeres nos portos e são lembrados pelos corpos atléticos e pelas tatuagens.

Na publicidade de seus perfumes, Gaultier não só tira proveito do estereótipo dos marinheiros musculosos e tatuados como dá a eles olhares ambíguos e poses que transitam entre os polos estereotipados de masculinidade e feminilidade. Nas campanhas para o perfume Le Male, os marinheiros encaram o leitor. O frasco no formato de um dorso vestindo camiseta listrada reforça o apelo erótico.

Capítulo 5

HIPERMASCULINIDADE Nº CINEMA

"Eu luto como você gostaria de lutar. Eu tenho um corpo que você gostaria de ter." Com essa frase, Brad Pitt (Tyler) enfrenta Edward Norton (narrador) em *Clube da luta*, lançado em 1999 e considerado um dos filmes mais importantes sobre as masculinidades. O diretor David Fincher levanta o X da questão na vida dos homens: a inveja do outro, a concorrência e uma insatisfação disfarçada consigo mesmo. É, sem dúvida, uma das maiores declarações da crise da masculinidade: Norton é um homem comum, um funcionário, sem charme, igual à maior parte dos homens que acordam, trabalham e depois voltam para casa: dias e dias sem que nada de especial aconteça. O outro, Pitt, é um homem bonito, bronzeado, sexy, forte, audacioso. Um se veste de preto e branco: ternos comuns iguais a tantos, o outro com camisas justas, coloridas, calças baixas, como um pop-star. Mas Norton quer ser mais corajoso e provar outras "roupas", não ser tão sério, tão comprometido, tão "correto". O *Clube da luta*, local em que muitos homens se reúnem para ver outros brigando como em uma rinha de galos, é um símbolo dos espaços masculinos de competições que vão das arenas às mesas de bar. Não se trata apenas de concursos de força, mas de uma disputa que começa desde a infância com quem é "mais homem" e no decorrer do tempo passa a ser "quem sai com mais mulheres", "quem tem o melhor carro". O filme trata de símbolos e nos lembra dos espaços em que os homens se fecham para concorrer entre eles, desde distantes épocas como nas tavernas medievais e que avançam hoje nas festas em que mulheres são deixadas à parte para os machos conversarem entre si "assuntos de homens". Como se alimentassem ilusões de aventuras que não cabem nas suas rotinas entediantes, já que não há nenhuma perspectiva de um ato heroico nem sequer alguma força que os leve à mudança de vida, Norton é mais um dos homens frustrados que, em silêncio, inveja o corpo, o dinheiro, o estilo de outros.

A inveja do outro vem desde cedo, desde quando os homens começam a ter seus heróis, e é alimentada durante toda a sua vida diariamente com as imagens desses ideais. Os ocidentais aprenderam desde o início do século XX quem eram os homens de verdade pelo cinema. John Wayne, Charlton Heston, Jean Claude Van Damme, Bruce Willis, Wesley Snipes... homens de mentira que são brutamontes, assassinos que, acima de tudo, sabem brigar com outros homens. Não são heróis românticos ou grandes amantes, apenas ganham da força física dos fracos – tudo que os meninos não devem ser: "mulherzinhas" sensíveis e que se deixam abater.

O cinema sempre foi uma escola de como ser "homem", ele é a origem do que vemos na TV e nas telinhas dos nossos celulares. Desde o início, o personagem principal era um homem forte: Tarzan – quadrinhos de Hal Foster em 1929 – abriu a era do *comics* em diversas versões filmadas desde 1918. De ousadia não imaginada para o início do século XX, Tarzan só usava uma tanga para expor um corpo trabalhado: os atores eram em sua maioria atletas. Para o papel não era preciso bons intérpretes mas corpos idealizados, diferentes dos homens comuns; o homem-macaco era simplesmente um corpo. O Tarzan mais famoso, Johnny Weissmuller, foi campeão olímpico de natação cinco vezes. Na enorme tela, o corpo do homem aparecia despido, quando, na realidade, naquele início de século XX, um homem nem sequer ficava sem camisa em público.

Ainda no período do cinema mudo, o *forzuto* – tipo do cinema italiano de 1913 – era um homem forte, gigante, hercúleo, lutador, gladiador. Um desses atores foi o estivador Bartolomeu Pagano, desnudado ao máximo na tela com uso de togas ou peles de leopardo.

A força física que representa a virilidade é construída pela indústria cultural como sinônimo de aparência: o homem que se exercita todos os dias para ter um corpo forte que se apresente para os outros como um ser viril.

A formação da cultura norte-americana desse homem pode estar associada à construção de um indivíduo que precisa ser forte: homens no meio do nada, invadindo terras, matando índios e constituindo uma sociedade alicerçada no desejo de riqueza, como mostravam os filmes de faroeste.

Uma vez que a força é vista como o que distingue o homem da mulher, o homem do início da história do cinema é o mesmo que até hoje basta para ser o oposto da mulher, mesmo que não saiba quem ele é de fato.

Sempre há a imposição da superioridade do homem branco, classe média, de heterossexualidade indiscutível, sem gentileza, sem delicadeza, pois essas virtudes são consideradas femininas e, portanto, sinais de fraqueza para os homens.

O papel do cinema na construção de uma masculinidade violenta faz muito sentido, por exemplo, no cenário de guerras cuja atenção estava em um corpo que poderia ser mutilado em nome da pátria. O cinema incentivou os exercícios, e as revistas de fisiculturismo eram guias de desejo de outros homens.

Poderíamos dizer que foi Joe Wilder, criador do Mr. Olympia e fundador da Federação Internacional de *body-building*, quem deu início à "indústria da musculação". Seus negócios se espalharam por mais de 136 países, tornando-se um empreendimento de mais de 300 milhões de dólares: nutrição, aparelhos de musculação, academias de ginástica e revistas como *Men's Fitness*.

As posições dos concursos de fisiculturismo influenciaram a construção dos gestos e a mise-en-scène correta para os homens, tais quais os cowboys de pernas abertas e braços afastados do corpo. Essa formação de um homem viril não se dá apenas nos músculos desenvolvidos, mas na atenção permanente ao jeito de ficar de pé, de andar, de não balançar o corpo, como é aprendido nos quartéis.

Para os homens, correr atrás desse ideal viril é perverso pela impossibilidade de se conseguir um corpo inacessível ou pela obrigação de viver todo o tempo tenso, sem reação, sem outro movimento que não seja o da briga ou o de levantar halteres.

A virilidade dos musculosos percorre a história do cinema, dos filmes épicos como *Ben Hur* até os músculos de ferro dos robôs em *O exterminador do futuro* (James Cameron, 1984), passando pelos heróis de quadrinhos que ganharam vida como *Super-homem* e *Batman*.

A franquia *Rambo* durou de 1972 a 1986: foram cinco filmes em que Sylvester Stallone mostrou músculos e sangue mas nenhum sinal de inteligência, tampouco emocional. O fisiculturista Schwarzenegger começou a treinar aos 15 anos e se tornou um símbolo de ator que não precisava fazer nada além de mostrar seus músculos e suas armas.

OS GALÃS E CONQUISTADORES

As masculinidades no cinema não se resumiram aos tipos musculosos. Na grande tela, a figura de homens extraordinários que conseguiam seduzir com um simples olhar provocava a inveja dos homens comuns e era adorada pelas mulheres. Quando os filmes eram mudos, os olhares, os movimentos, os gestos e as roupas conseguiam falar mais que mil palavras. Rodolfo Valentino foi, sem dúvida, o maior galã daquele momento. Em sua filmografia, levou milhares para as salas de cinema com personagens que representavam o exótico como em *O sheik* (George Melford, 1921), *O jovem marajá* (Phil Rosen, 1922), um soldado russo, em *The eagle* (Clarence Brown, 1925), entre outros. E também foi um símbolo de elegância em filmes que ditaram a moda masculina: do corte de cabelo às roupas e principalmente no gestual.

Dos universos masculinos no cinema que representam os difíceis anos entre guerras, os suspenses policiais se destacam. Entre detetives e gângsters, homens maduros brilhavam na telona sempre vestindo ternos. Rostos sem sorrisos de testas franzidas, os galãs eram quarentões solitários que empunhavam armas entre sombras.

Fora do clima *noir*, o cinema dos anos 1940 trouxe outros tipos de homens maduros, destinados a entreter uma plateia que buscava distração. Estrelas de musicais, esses homens cantavam e dançavam em grandes cenários que faziam o público esquecer a realidade.

Enquanto as mulheres exibiam seus contornos e chegavam a escandalizar com decotes, os figurinos dos atores escondiam todo o corpo em severos paletós de ombros largos e calças amplas. Até que a peça íntima, que então ficava por baixo da camisa, começou a ganhar a cena: a camiseta underwear. Se antes um homem era visto de camiseta apenas na intimidade, a peça se transforma em elemento de sex-appeal e caracteriza vários personagens importantes.

Marlon Brando é o grande astro da camiseta. Em dois de seus grandes filmes, a camiseta é o destaque: em *Um bonde chamado desejo* (Elia Kazan, 1951) e *O selvagem* (László Benedek, 1953). Brando até hoje povoa nosso imaginário como um homem sexy, um excelente ator que aprendeu como olhar para a câmera, um dos homens mais bonitos da história do cinema e que mostrou ser bem mais que isso, e continua a ser o retrato de uma masculinidade poderosa mas atormentada. Brando faz parte dos astros de grande beleza atemporal, tanto é que fotógrafos buscam suas fotos como referência para editoriais de moda.

Na mesma escala de valor só James Dean, que, mesmo com poucos filmes e uma vida curta, consegue manter-se ídolo nos tempos atuais. Dean marca a chegada de outro tipo de homem no cinema: um rosto mais frágil, quase um menino que acabou de se tornar homem, mas que, apesar de arrebatar plateias, nada tem a ver com o tipo musculoso e durão. Como Brando, anunciou que o jeans e a jaqueta seriam o novo traje masculino.

Alguns anos depois foi a vez de um novo ídolo romper as barreiras que a masculinidade impunha ao corpo. Elvis Presley foi o primeiro homem branco a balançar os quadris na tela do cinema com o novo ritmo, o rock. Elvis usou uniforme do exército, mas cantava baladas melosas, era o surfista que dançava no luau usando camisas havaianas e shorts, raras concessões da austera moda masculina da época.

O cinema passou a assumir o homem vaidoso e sensual, produzido para ser o centro das atenções. Vale a pena destacar dois grandes e diferentes exemplos: *007* e os personagens de John Travolta (tanto em *Os embalos de sábado à noite* quanto em *Grease*).

O detetive 007 passava por situações tão improváveis que deixavam seus filmes no limite da aventura e da comédia. O sorriso no canto da boca mostrava que James Bond sabia que era demais e que se divertia com isso. Como estava a serviço da rainha, usava o melhor da alfaiataria de Saville Row, acompanhado de relógios suíços.

Ao mesmo tempo que nas últimas décadas do século XX parte da produção do cinema americano continuava despejando policiais, detetives, militares e todos os arquétipos de macho, outras correntes trouxeram homens mais próximos da realidade, envolvidos em dramas familiares, românticos e políticos.

A geração antiguerra fez surgir astros com personagens que sofriam, diferentes dos heróis de mentirinha que nunca se davam mal. O cinema europeu trouxe outros tipos de homens: os intelectuais, os *blasés*, os fashionistas. *Blow-up* (Antonioni, 1967) mostra um fotógrafo de moda da Swinging London, um excelente retrato de como as transformações sociais dos anos 1960 atingiram as masculinidades.

Na década de 1970, um dos filmes mais importantes sobre o homem foi *Os embalos de sábado à noite* (John Badham, 1977), em que John Travolta fez sucesso como o homem comum e pobre que aos sábados se aprontava em frente ao espelho para arrasar nas discotecas. Com camisas de gola e estampas grandes, calças altas e justas com boca de sino e sapatos plataforma, tratava-se certamente de um personagem masculino diferente dos grandões lutadores.

Gigolô americano (Paul Schrader, 1980) foi o primeiro filme que mostrou a relação da moda com os homens de modo mais intenso. O personagem interpretado por Richard Gere teria associado virilidade a interesse por moda, pois se vestia com roupas caras de Giorgio Armani para conquistar suas clientes. Em uma cena, ele coloca seus ternos na cama para escolher qual usaria, uma cena impensada para o tradicional universo masculino.

São muitos os filmes que marcaram a transformação dos homens nos últimos trinta anos. Tivemos a fase dos cabelos longos e de certa liberação sexual que foi atravessada pela aids, também tema no cinema e responsável por mostrar outra face escondida da masculinidade.

Ainda que a diversidade tenha chegado às representações de masculinidades no cinema, um aspecto se mantém mais forte: o homem corajoso, disposto a todo tipo de aventura para alcançar seu objetivo. Nesse sentido, Tom Cruise não pode ser esquecido. O ator, que até hoje dispensa os doublés em cenas de perigo, ainda é uma grande representação do masculino que boa parte da sociedade considera ideal. Principalmente pelo seu rosto: mandíbula marcada, sobrancelhas sempre franzidas e olhos meio fechados, Cruise domina a câmara. Apesar de sua pouca estatura, tem a representação do homem forte e ágil, com camisetas e calças justas e botas, prontas para correr. Duas fases dentro da sua filmografia nos interessam aqui: *Top gun* e *Missão impossível*.

O ator tinha 24 anos quando filmou *Top gun* (Tony Scott, 1986) e mesmo hoje o filme merece vários estudos pela quantidade de elementos que abordavam os homens e suas relações. Lá estão os arquétipos do jovem exibido e esportista da década de 1980 e do aviador, o herói de ação. O jovem Cruise tornou--se a referência para muitos jovens que adotaram vários dos itens usados no figurino: os óculos Ray-Ban, a corrente com a medalha de identificação e a bandana usadas com camiseta branca e jaqueta de aviador.

Nos tempos atuais, o senhor Tom Cruise é um exemplo do chamado "macho alfa" que conhece todos os procedimentos possíveis para conservar a aparência e o corpo, buscando a eterna juventude e mostrando que, acima de tudo, é apaixonado por si mesmo. A saga *Missão impossível* já rendeu seis filmes desde 1996, além de mais dois em pré-produção no momento. Os filmes, que mostram o agente Ethan Hunt correndo atrás dos vilões nas mais absurdas situações, rendem milhões de bilheteria e podem significar um ideal de homens comuns atrás de um pouco de adrenalina que suas rotinas não proporcionam.

São centenas de filmes centrados em personagens masculinos que pulam do cinema para dentro das casas pelos aparelhos de TV. São virilidades criadas, ano após ano em cada filme: a construção da hipermasculinidade está ligada às imagens que o homem comum jamais alcançará, mas que em momento algum deverá reconhecer esse fracasso.

Capítulo 6

COR E TECIDO NÃO TÊM SEXO

O fato de associarmos o rosa à cor de garotas é um bom exemplo de como a expressão cultural de gêneros muda com o tempo. Não existia nenhuma grande convenção até que no século XIX o rosa passou a ser uma cor muito usada por meninos. Garotos eram pequenos homens, e homens usavam uniformes vermelhos; em consequência, rosa para meninos. O jornalista Jon Henley escreveu no *The Guardian*: "No fim da primeira grande guerra, em junho de 1918, a revista feminina mais importante *Ladies Home Journal* tinha algumas palavras sensatas para mães irritadas: 'Existe um grande debate em torno desse tema, mas o mais aceitável é rosa para os meninos e azul para as meninas. A razão é que rosa, sendo a mais decidida e forte cor, é mais usável para meninos, enquanto azul, que é mais delicado e meigo, é melhor para as meninas.'"

Assim, o jornalista Grayson Perry, autor de *Descent of man*, descreve um dos maiores tabus do universo masculino: a cor. Ele conta que a mudança no uso das cores foi gradual, e só na década de 1940 os varejistas estabeleceram o rosa para meninas e o azul para meninos. O *key turning point* talvez tenha acontecido no período entre 1953 e 1961, quando Einsenhower era presidente dos Estados Unidos e sua esposa Mamie, que amava o rosa não só para as roupas como também para a decoração, transformou a Casa Branca naquele período em um Palácio Rosa. O "Mamie Pink", título do tom da chamada Primeira-Dama Rosa, sem dúvida influenciou as mulheres a adotarem essa cor.

É certo que o fim dos anos 1960 foi marcado por movimentos jovens que clamavam por liberdade e isso passava também pela escolha indistinta de cores e tecidos, o que deu origem ao unissex. Mesmo que a maioria da sociedade não tenha aderido inteiramente a essa moda, a influência é comprovada porque nas décadas de 1960 a 1980 as cores vibrantes transitaram em diferentes caminhos para homens e mulheres. Chegou a ser possível pensar que o homem poderia escolher sua imagem pessoal. Entretanto, na década de 1980, veio o retrocesso: a aids foi erroneamente associada aos gays, o que causou medo de os homens serem apontados como portadores do vírus do HIV. O preconceito não só afastou muitos do processo de cura como aumentou a ideologia do conservadorismo.

John Harvey, autor de *Men in black*, fala como os trajes masculinos do século XIX eram tão escuros e severos que fazia parecer que os homens estavam sempre prontos para um funeral. Envolvidos em conflitos, lutas e guerras, os homens de fato provocavam um ambiente de luto. Na cultura ocidental a cor preta está ligada a uma severidade extrema: das batinas dos padres às capas dos juízes e aos ternos dos executivos. Os trajes pretos exercem autoridade, mas em especial pelo lado obscuro, do desconhecido que nos provoca medo. Como a roupa do Batman ou como a morte no filme *O sétimo selo*, o preto é uma cor enigmática e domina diversos estilos, do punk ao gótico ou dark. Com certeza, entre as marcas de moda masculina, é a cor mais presente, reconhecida como básica e prática, um dos valores que o machismo considera essencial: "sem muitas frescuras", como eles mesmos dizem.

Os homens de costume preto, camisa branca e gravata preta podem ser banqueiros ou seguranças, estão prontos para o casamento ou o velório. É o uniforme do homem que não quer, não pode, não deve se expor. Como sempre, roupas e gestos compõem a moda: "homem que é homem" não deve se mexer muito, eles precisam estar sempre firmes e rígidos, prontos para se defender e atacar. Aprendemos que só "mulherzinhas" requebram, rebolam e se enfeitam.

Mesmo aos poderosos não é dado o direito de se enfeitar, como os faraós e reis tão bem faziam; então, além de trajes severos, só os relógios são permitidos. Esses acessórios explicam bem a relação com o entorno industrial: máquinas e edifícios, metais e vidros.

Entre o preto e o branco, os tons de cinza devem ser usados pelos homens que o filme "soft-pornô" retrata: dominadores, inclusive de mulheres. O imaginário criado pelo cinema e TV de ideal masculino rico e "comedor" é dos mais significativos na manutenção de uma sociedade machista. A indústria da moda masculina se nutre desses estereótipos e os alimenta; basta olharmos as lojas desse segmento em um shopping: as combinações entre preto, cinza e branco dominam as vitrines. Nessa linha de manutenção de poder e sobriedade, a alfaiataria, principalmente, ficou presa a essas cores.

Na roupa casual – mais descontraída, aceita em alguns ambientes de trabalho – houve concessão para os beges, cáquis e tons de verde pelo óbvio vínculo com o militarismo. O cinema é responsável por glamorizar os uniformes militares: seus belos ídolos emprestaram aos soldados uma beleza invejada. Muitos deles, sobretudo a geração dos atores halterofilistas, liderada por Stallone e Schwarzenegger, acabaram amarrando a imagem dos homens à violência. Os homens que, em razão de duas grandes guerras, não se permitiram a vaidade, voltavam a se prender ao destino de combatente e herói, sem chance de sair desse campo minado.

Contudo, outros homens disseram não à guerra e à imagem de provedor e herói. É certo que no fim do século XX e na primeira década do XXI expandiu-se a ideia de masculinidades, e esse plural pode significar a possibilidade de diferentes

maneiras de ser homem. Mesmo os chamados "mauricinhos" – conservadores com dinheiro e vaidosos, herdeiros dos "metrossexuais" – são exemplos de homens que se destacam por usar roupas mais justas e uma cartela maior de cores, com moderação. Nesse estilo estão muitos dos jovens cantores tanto de pagode quanto de música sertaneja que influenciam os homens de classes mais baixas, foco das marcas de grande distribuição. Apesar de mais abertos que os homens mais tradicionais, eles têm uma ligação com a moda que não compromete: querem ser "fashion" [sic] mas não podem ser mulherzinhas, que é o grande problema dos homens desde a infância. As representações de masculinidade heteronormativa são sempre as oposições das representações de feminilidade. Mesmo entre homens que gostam de mais novidades na moda, é forte a preocupação com não parecer "afeminado".

"Nada contra, mas não quero ser confundido com um gay" é uma frase comum entre os homens, inclusive entre alguns homossexuais que escondem sua opção sexual por trás de roupas. O *imprinting* cultural faz com que o homem se preocupe todo o tempo em não fracassar em parecer com o que lhe foi ensinado como um "homem de verdade". A preocupação de que sua imagem seja aceita pelos colegas do trabalho é a mesma da infância com os amiguinhos da escola, e ela é tão forte que pode nos explicar por que vemos tão poucos desvios das normas que estão nas formas, nas cores e nos tecidos das roupas.

Sempre me divirto ao lembrar quando os representantes de tecelagens me apresentavam apenas os produtos de uma das suas malas. Como eu trabalhava com público masculino eles me apresentavam a mala com os "tecidos para homens", ocasião em que eu os encabulava perguntando: "Mas tecido tem sexo?"

Os tecidos pesados são tidos como masculinos. Os mais leves, com tramas abertas e que oferecem certa transparência, são rejeitados. Os tecidos precisam ter características próprias do machão: jamais são suaves.

O jeans talvez seja o tecido mais presente nas coleções masculinas, afinal ele era usado por mineradores e rancheiros. Para calças, bermudas e jaquetas é um tecido que ganhou ainda mais destaque com a alta tecnologia das lavanderias, e, se antes foi usado apenas para roupas de fim de semana, hoje transita no trabalho e em festas. Da família do denim, sarjas e telas dominam entre os tecidos mais usados para calças. São associados à juventude desde os filmes de Marlon Brando e James Dean e, apesar de variações de gramatura e construção dos fios, sempre têm uma aparência rústica e resistente, prontos para qualquer ocasião – como as "qualidades" esperadas do machão.

Na camisaria, tricolines são os tecidos mais usados, sejam lisos, sejam em fio tinto (listras e xadrez) ou maquinetados (que lembram pequenos jacquards). Nas últimas décadas, como todos os outros tecidos, passaram a ter na composição a fibra elástica, o elastano, que possibilitou que as camisas passassem a ser mais próximas do corpo. A elasticidade passou a ser uma das maiores qualidades dos produtos têxteis não só pelo conforto e praticidade mas porque propiciou que as roupas ficassem mais justas. É interessante pensar como as calças skinny são capazes de fazer sucesso mesmo entre os machistas: a porcentagem de elastano pode fazer um tecido rígido como o jeans se parecer com uma malha, e uma calça masculina se parecer com uma legging.

As malhas circulares como a meia malha e o moletom também são tecidos muito presentes no guarda-roupa do homem comum. A camiseta, que em sua origem era apenas underwear, passou a ser a peça mais usada e suas estampas deram mais originalidade aos looks masculinos. A malha piquê continua a ser muito usada pelas confecções masculinas por causa das camisetas polo. A camiseta de malha com gola e meia abertura com botões surgida nas quadras de tênis passou a transitar tanto no guarda-roupa do conservador como no streetwear e é mais aceita no cenário do trabalho do que a camiseta de meia malha.

As lãs, por mais que pareçam tecidos próprios para o frio, também são muito usadas na alfaiataria. O termo "lã fria" é muito comum nas etiquetas dos ternos: é a versão mais leve e muito apropriada para o caimento dos paletós e calças sociais. Predominam as lisas, mas alguns padrões são considerados muito masculinos: o príncipe de Gales e o pied-de-poule, sempre dentro da cartela de cores julgadas próprias para homens: escuras e severas.

As lãs e outras fibras naturais passaram a ser misturadas com fibras sintéticas, seja por uma questão óbvia da escassez, seja pelo desenvolvimento tecnológico têxtil: essas combinações deram origem a tecidos mais "inteligentes" que trazem benefícios como: antitranspirante, antibactérias, antiodor. Toda essa evolução atingiu mais o setor das roupas esportivas e que cada vez mais transitam no dia a dia.

Entre naturais e sintéticos, porém, há uma grande variação de tecidos que foi afastada do universo da moda dos homens, haja vista que características como brilho, leveza e transparência não são assentidas pelos conservadores. As sedas, que eram preferidas da realeza, assim como os brocados e as rendas, têm sido oferecidas apenas para as mulheres. O caimento dos tecidos, é claro, tem a ver com a restrição: a mesma rigidez que se exige na postura dos homens se aplica a suas roupas. Vale lembrar que o paletó precisa de entretelas e feltros em sua composição para torná-lo ainda mais rígido. A arte da alfaiataria está no modo de redesenhar o tronco, criando uma postura mais austera; por isso, sua origem vem dos uniformes militares, que por sua vez se inspiram nas armaduras.

No entanto, as regras são desobedecidas e essa é uma das funções da moda, que nos surpreende tornando populares peças que a princípio jamais seriam usadas. A calça skinny é um bom exemplo: não imaginaríamos que um homem machão usasse uma calça colada nem camisetas longas; é muito estranho que um "minivestido" tenha entrado na moda masculina! Com o aval dos ídolos musicais e jogadores de futebol, referências de sucesso para o homem comum, muitas peças passam a ser usadas não por uma verdadeira escolha pessoal, mas como meio de se aproximar de um ideal. E como esses artistas e atletas são símbolos de virilidade, seus seguidores não discutem se o que eles usam é apropriado.

Em um mundo de masculinidades, há também os homens que não só rejeitam o machismo mas veem suas imagens como um jeito de cutucar o padrão heteronormativo. O sentido de vanguarda, como o que vem na frente, aplica-se à moda em dois cenários: a rua, reconhecida hoje como a verdadeira fonte das transformações, e as coleções de alguns designers e marcas que desobedecem às regras estabelecidas. Entre os homens comuns que circulam nas grandes cidades, alguns reconhecem na moda um modo de expressar sua personalidade e montam seus looks como manifestação de sua individualidade. Eles são vanguarda e inspiram os designers a renovar suas coleções apresentadas nas semanas de moda em todo o mundo. Às vezes a própria imprensa especializada não entende as inovações que surgem nas passarelas masculinas. Na minha história de designer recebi críticas do tipo "que homem vai usar isso na rua?" por peças que na verdade se distinguiam pelo ineditismo no uso do tecido ou da cor. Isso demonstra que existem os críticos de moda preconceituosos, que não incentivam as inovações e querem apenas manter o estabelecido.

As grandes salas de desfiles deixaram de ser os espaços reservados para as mudanças de moda: os fotógrafos das grandes mídias se concentram nos convidados que se preparam para ser fotografados. Mesmo sendo celebridades eles estão mais próximos do público em geral do que os modelos. O mundo digital é hoje, sem dúvida, o maior espaço de apresentação de novas maneiras de representação de masculinidades, o que deu às celebridades o título de influenciadores. Assim, os tapetes vermelhos das grandes festas passaram a ser mais importantes que as passarelas dos desfiles, pois são vistos por todo o planeta em tempo real.

O baile realizado anualmente no Metropolitan Museum of Art em Nova York – chamado Baile do MET – tem papel semelhante ao do tapete vermelho na festa da entrega do Oscar: uma grande passarela para a moda. Essa festa, organizada por Anna Wintour (editora-chefe da *Vogue América*), é uma oportunidade de marketing para as marcas de luxo. Na edição de 2019 foram os homens que mais chamaram a atenção pelo número de looks ousados que muitos deles exibiram, ao contrário do que acontecia em outros anos, quando quase 100% usaram o indefectível smoking. Chama a atenção que os homens mais fotografados não vendiam uma imagem máscula e suas roupas eram feitas de veludos, brocados e tecidos nobres suntuosos, muitos deles com brilho. Em 2019, o tema foi "Camp: Notes on Fashion", inspirado no ensaio de Susan Sontag que definiu "camp" como o "amor pelo não natural: do artifício e do exagero". Ezra Miller, com maquiagem surreal, vestia um terno com corset e cauda. Jared Letto, com um vestido vermelho e correntes de brilhante, carregava uma reprodução de sua cabeça e Harry Styles vestia camisa transparente com jabour. A visibilidade do evento nos faz entender o investimento das marcas de luxo que patrocinaram e vestiram essas personalidades, e muitas delas hoje fazem coleções em que os gêneros são fluidos. O maior exemplo é a Gucci, que se tornou uma das grifes mais cobiçadas ao apostar em uma linguagem lúdica e surreal, em que não só peças clássicas combinam com esportivas como os tecidos de muitas delas atendem a todos os gêneros.

Tudo parece ter uma profunda ligação com um novo entendimento das relações de trabalho tanto quanto pessoais, nas quais os papéis masculinos e femininos não são definidos como antes. Não há motivo para um homem se vestir apenas com um paletó moldado como os uniformes militares nem mulheres só de vestidos esvoaçantes. Assim como não se justifica um homem ganhar mais que uma mulher ou o marido mandar na esposa. Em todos os países vemos grupos que se incomodam com as discriminações e se manifestam nas ruas ou em seus trabalhos. A minissaia surgiu porque as mulheres desejavam ser donas de seus corpos e comemoravam a pílula anticoncepcional e porque designers como Mary Quant estavam atentos a isso. O mundo em 2019 vê lutas e conquistas importantes como a criminalização da homofobia, em que a lei exige que todos se respeitem sem interferir no modo como essa pessoa se veste, por exemplo. Essas questões devem ter um papel muito importante para os próximos anos, e a moda deve se transformar muito. As drag queens, homens que representam de maneira artística e bem humorada as mulheres, ganharam espaço no mainstream, e depois delas as gerações passaram a enxergar a moda de forma mais lúdica, como possibilidade de ver de diferentes ângulos inclusive os garotos. Isso significa que eles passaram a ter uma abertura para criar imagens fora dos padrões. A música eletrônica trouxe de volta ainda os tecidos sintéticos, emborrachados, os nylons e, com eles, cores flúor. A música pop também sempre foi uma grande incentivadora de estilos diferentes, como Bowie ou Madonna, e passou a valorizar mais a individualidade; assim ninguém mais pertence a uma única tribo.

Poderíamos questionar que de outro lado cresce o conservadorismo radical em todos os países, que pode ser bem representado na censura de todas as expressões pessoais como a moda. Os homens conservadores encontram muito mais opções para se vestir que os demais, porém o crescimento internacional no mercado de beleza e moda masculina aponta que os outros homens estão consumindo produtos diferentes. Grandes magazines populares já reconhecem estilos próprios entre seus consumidores, o que já aponta uma expansão do que é considerado adequado ao homem. O próprio aumento das polarizações pode incentivar toda a cadeia têxtil e de vestuário a investir mais nos diferentes estilos de homens e oferecer uma variedade maior de modelos. A vaidade do homem é um bom negócio em diversos setores: academias, barbearias, serviços e produtos para beleza. É verdade que o mercado brasileiro deixou de faturar com a moda masculina em particular pelo fato de os empresários subestimarem os diferentes públicos masculinos e colocarem todas as suas fichas em mulheres, que hoje não precisam se preocupar tanto com a beleza.

Capítulo 7

CONSTRUÇÃO DE IMAGENS

Do jornal ao Instagram recebemos milhares de fotos de homens do cotidiano e outras produzidas para vender algum produto ou serviço. Essas imagens são preparadas com muito cuidado mesmo que só para parecer espontâneas. Vejamos as produções de editoriais de moda e campanhas publicitárias que envolvem muitos profissionais: modelos, produtores, *beauty artists*, fotógrafos, cenógrafos e técnicos. Da ideia à realização, todos trabalham para criar imagens de impacto que chamem a atenção no meio de milhares de outras. Elas não só servem para divulgar marcas, mas ajudam a construir padrões de bom gosto e também entender o "espírito do tempo".

A construção de masculinidades está profundamente associada a essas imagens que vão além da função comercial. Nos últimos quarenta anos, por exemplo, tivemos muitas variações na imagem ideal de um homem: seja em relação ao padrão de beleza, seja em relação ao que é elegante, ao que transmite sucesso, sensualidade... E cada vez aumentam os dispositivos para fabricarmos imagens e transformá-las.

Ao pensar uma campanha ou um editorial, os diretores criativos imaginam como atingir seus públicos e surpreendê-los. Os modelos representam tais públicos ou o que eles gostariam de ser. A fotografia de moda deve aguçar a curiosidade, motivar certo estranhamento, mas sobretudo provocar um desejo de conhecer mais das marcas em questão.

O termo *stylist* surgiu a fim de valorizar todos os cuidados para o *click* perfeito; ele é o responsável por transformar em realidade os desejos do diretor. Segundo consenso entre eles e o fotógrafo, são escolhidos os modelos, os profissionais de beleza e as locações das fotos. O trabalho continua com o tratamento da imagem, o que pode nos dar ideia do trabalho e da quantidade de profissionais que são necessários para a foto que vemos em um site ou em uma revista.

Para termos uma ideia do impacto de uma campanha internacional, basta pensarmos o número de mídias usadas para vinculação: desde as revistas de diversas partes do mundo ao alcance das mídias sociais e sites. Além do poder das marcas, deve-se levar em conta o poder dos contratados para serem modelos: jogadores de futebol, atores e top models. Conectados com os lançamentos do cinema, com os grandes acontecimentos esportivos e artísticos, os produtores alavancam as campanhas para além de publicidade de estilo, transformando-as em sinais de novos estilos e atitudes.

Os arquétipos masculinos sempre estiveram presentes nas campanhas de muitas grifes de moda com a sensualidade como importante ingrediente. Podemos citar como um grande marco a imagem de Mark Wahlberg nos anúncios de underwear da Calvin Klein na década de 1990. O então rapper Mark Marky apareceu em grandes outdoors sem camisa em poses sensuais, sozinho ou acompanhado pela jovem modelo da época Kate Moss.

Nas décadas seguintes, as fotografias de moda ficaram ainda mais audaciosas e, se não mostravam o nu explícito, focavam em mamilos, nádegas, pelos pubianos e até ereções, como nas campanhas de Gucci de Tom Ford e do fotógrafo Mario Testino.

A marca "Dolce&Gabbana" foi outra que apostou nas imagens dos homens sexy para suas campanhas com o arquétipo latino, forte com barba por fazer, roupas justas, jeans de cintura baixa e decotes abertos. O fotógrafo Steven Klein foi responsável por muitas dessas campanhas nas quais predominaram grupos de homens, lembrando que um homem precisa de seus colegas até no seu modo de vestir.

Mas na história da publicidade também encontramos casos que foram marcantes pela repercussão social. Sem dúvida, o trabalho de Oliviero Toscani para Benetton marcou os anos 1980. A marca de malharia de cores vibrantes ganhou destaque não pelos seus produtos mas por deslocar o foco da propaganda de moda de um cenário luxuoso de status para temas tabus, em particular na sociedade católica italiana. No lugar de belos manequins, as campanhas foram discutir racismo, religiosidade, política e sexo. Elas abriram caminho para um novo meio de divulgar a moda, que os editoriais – as reportagens fotográficas publicadas principalmente em revistas – já haviam apontado. Primeiro, mostraram que é preciso surpreender: apresentar uma imagem forte e inesperada que faça o público parar e olhar. Depois, indicaram o deslocamento do eixo da moda de uma mera reprodução do gosto da classe alta, ou da caricatura que fazemos dela, para o cotidiano e os grandes temas da sociedade (o que chamaríamos de "macrotendências"). Por último, mencionaram a própria diversidade de padrões estéticos tanto na escolha dos modelos quanto no conjunto da criação.

Depois de Benetton, a empresa que privilegiou a força da imagem no lugar de expor seus produtos foi a Diesel. Marca de jeans e vários outros produtos de óculos a fragrâncias, a Diesel produziu imagens ironizando os grandes temas sociais, tratando com humor o novo hedonismo. A estratégia foi voltada para a individualidade: o "eu", suas paixões, seus medos e motivações para viver. As campanhas foram centradas nas ideias de prazer, mortalidade, selfies sociais e na necessidade de manter a juventude a qualquer custo. A campanha "Stay Young" de 2001 do artista Jean-Pierre Khazem trouxe modelos com máscaras hiper-realistas lembrando corpos fabricados pelas cirurgias plásticas e outros discutíveis métodos para transformação da imagem pessoal. A produção simples com fundo branco lembrava uma foto de moda muito comum até nos darmos conta da estranheza da imagem. Zombando da busca de uma imagem perfeita tão obsessiva quanto paranoica, os textos citavam "instruções para a vida eterna: não pensar, não dar risada, não trabalhar, não fazer sexo, não respirar, garantir um clone, beber um copo de urina fresca toda manhã".

Em 2008, a Diesel lançou a campanha "Live Fast", na qual criticou o sistema fast com humor e sarcasmo – não só das grandes empresas que também são seus concorrentes mas também de um cotidiano em que um homem atravessa um cego enquanto corre ou a mãe, que troca o bebê no meio da rua enquanto corre. Esses exemplos mostram como a marca se aproxima do seu público pelas roupas e pelos assuntos que são importantes para eles.

Certamente, a publicidade sempre teve papel muito importante na expansão do machismo desde as propagandas com cowboys fortes e solitários a outras com o elogio ao estereótipo do macho sério e com cara de mau. Nos anos 1980, dois tipos de homem disputavam as páginas das revistas: o olimpiano e o garoto urbano. Marcas como Versace apostavam no homem atlético em cores e estampas ousadas, enquanto o crescimento do streetwear e das marcas de vanguarda apontava a nova beleza como a dos garotos skatistas.

A possibilidade de expansão da moda deve muito às chamadas revistas de estilo que avançavam além da moda para tratar de assuntos ligados ao que caracterizava a atitude de novas gerações.

Na Inglaterra pós-punk, ainda nos anos 1980, duas revistas se tornaram "bíblias de estilo": *i-D* e *The Face*. A *i-D* começou como um fanzine dedicado à moda de rua, um veículo da vanguarda de moda e de estilo. O "piscar de olhos" desde a primeira capa foi o símbolo da *i-D* e inspirou o logotipo. Dos estilos das produções de moda ao design gráfico, a proposta era se distanciar do pedestal de luxo que dominava a moda.

A revista *The Face* também era voltada a música, moda e cultura para os inquietos jovens londrinos e, em seguida, jovens de outros pontos do planeta. A revista editada por Nick Logan e com design do diretor de arte Neville Brody representou um novo ponto de partida para a geração que contava apenas com a mídia impressa e inspirou o começo da linguagem digital.

Tanto *i-D* como *The Face* marcaram o surgimento de perfis de editoriais de moda diferentes das revistas tradicionais. O glamour, essencial para publicações do mainstream, foi rechaçado para dar lugar a novas propostas. A rua ditou o conteúdo e a linguagem dessas revistas que se apropriaram da maneira como as diversas "tribos" de jovens se vestiam, criando um pastiche próprio das produções individuais da chamada "moda de rua". Os looks misturaram peças de skatistas, surfistas, uniformes de trabalho e roupas de brechós. Os stylings misturavam índios americanos, negros, punks, mods, jamaicanos, novos românticos e lutadores de boxe.

As imagens do estilo/atitude Buffalo boys podem simbolizar as produções com diversas referências em um mesmo look. O modelo podia vestir saias, botas Dr Martens[*] e paletó Armani. Por trás desses editoriais destacavam-se o fotógrafo Jamie Morgan e o stylist Ray Petri, que influenciam a imagem de moda até hoje.

O fim do século ficou marcado por imagens em que os homens não precisavam refletir força bruta e as roupas não funcionavam como armaduras; os padrões de beleza não eram rígidos.

Os modelos não posam como referências de heróis, as fotos parecem registrar um cotidiano ou têm roteiros surreais. Em sua maioria muito jovens, eles não expressam arrogância ou virtuosismos.

---

[*]Nos anos 1980, as botas da marca Dr Martens tornaram-se quase um uniforme entre os jovens, fossem eles punks, skinheads ou fashionistas. Essas botas nada mais eram que uma interpretação quase literal das botas militares (os coturnos). As botas também estão associadas aos sadomasoquistas.

GÊNEROS E MASCULINIDADES

As masculinidades são construídas por diversos elementos da nossa cultura, mas hoje os canais se expandiram além da TV e do cinema e passaram a ser portáteis, objetos inseparáveis. Além de *mobile phones* – na função de transmissores –, tornam-se criadores de mensagens e imagens. Assim, não basta seguir nossos ídolos nas mídias, é preciso ser como eles nas mídias que criamos.

A música pop aproximou o som da imagem, avançando além da distribuição dos shows ao vivo para uma linguagem próxima do cinema: os vídeos, sofisticados e complexos, ficaram tão essenciais quanto a música. E hoje, além de vermos nossos ídolos pop nos celulares, criamos imagens e os próprios vídeos inspirados neles. É não apenas seguir um ídolo mas transformar-se em um deles.

O espaço aberto por David Bowie, Michael Jackson e Madonna – para citar alguns dos grandes astros pop – está sendo ocupado por diversos cantores e bandas de diferentes ritmos e estilos, em que a preocupação com a imagem de seus vídeos é essencial para o sucesso.

Quantos personagens um cantor pode representar em um vídeo em menos de cinco minutos? Em abril de 2019, em uma rápida performance no tapete vermelho do baile do MET, Lady Gaga trocou quatro vezes de roupas. No evento cujo tema era a cultura "camp", a cantora expressava não só a essência do seu trabalho completamente ligado à imagem mas uma crítica à sociedade "instagramável" na qual é importante termos muitas produções – muitas formas de nos representar – para ganharmos mais likes.

Em 2011, Lady Gaga abriu mão das maquiagens, dos brilhos e dos bodys sensuais para se apresentar como uma imagem tradicional masculina no MTV Awards. No ano anterior também posou como homem para a *Vogue Hommes Japan*. Não foi a primeira vez que uma artista abriu mão dos vestidos sereia ou da figura de *pin-up* – podemos lembrar a onda dos smokings usados por grandes estrelas hollywoodianas que começou com Marlene Dietrich. Mas é importante quando um grande astro que tem um grande poder principalmente sobre as novas gerações transita por outras formas de representação.

Mais que um tipo de "travestismo", podemos entender que estamos vivendo um questionamento relevante: por que chegamos ao futuro tão presos a convenções como de roupas ditas de homens ou de mulheres? Os astros pop expandem as provocações que anônimos de diversos lugares do mundo alardeiam: "Tente me classificar, tente me colocar dentro de alguma caixa."

O ator James Franco – um rosto requisitado por Hollywood e pelas grifes – posou para a revista *Candy* que se intitula a primeira publicação "transgender". Foi muito importante uma figura como ele, que vende sua masculinidade (não só na arte mas para a indústria da beleza e da moda), apoiar uma publicação voltada à valorização de pessoas marginalizadas pela expressão de gênero.

No cenário internacional da moda em 2011, uma brasileira brilhou tanto pela importância da campanha que estrelou quanto por se tratar de uma mulher trans. Além do ineditismo, o assunto ganhou muito destaque porque a modelo era a filha de um jogador de futebol. Lea T fez carreira internacional depois das fotos para Givenchy, ganhando capas em grandes revistas femininas.

No início do novo milênio, a moda passou a valorizar modelos que não atendem a padrões específicos de masculinidade ou feminilidade. Andrej Pejic foi o primeiro modelo a atuar em desfiles e campanhas como homem e mulher. O "embaralhamento" de representações de gêneros presentes nas ruas chegou ao ponto em que roupa e beleza são grandes negócios. O sucesso nas agências internacionais de nomes como Freja e Michael Tintiuc, que transitam tanto em um gênero quanto em outro, não se deve à ideia de um diretor criativo de uma grife ou de publicitários, mas de um movimento em prol da diversidade que chama a atenção de belezas possíveis fora dos padrões convencionais.

Nas metrópoles, próximo às representações violentas de masculinidades, é possível também esbarrar com homens maquiados, com brincos, vestidos e saias. Entretanto, eles podem usar bigodes ou barbas e pernas peludas não porque estão se travestindo mas se apoderando de elementos que nos últimos dois séculos foram reservados apenas para as mulheres. Podemos entender esses meninos com peças de meninas como uma atuação política ou o simples exercício da liberdade ou do humor que pode ser expresso pela arte.

A arte já nos apresentou vários exemplos de como um indivíduo pode se ver como vários. A americana Cindy Sherman é conhecida por produzir imagens em que ela se autofotografou encarnando diversos tipos. Desde os anos 1970, seus autorretratos instigantes apontavam para o fenômeno do selfie dos nossos dias e de como todos os indivíduos se espelham nas imagens de moda para se verem/serem vistas. Seu trabalho nos faz pensar como a sociedade cada vez mais individualizada é sedenta de experimentar outras combinações, misturas que poderiam chamar de "hibridização".

Essa hibridização ou o "embaralhamento" do masculino e feminino são diferentes do termo "androginia" – um ser (andrós) e fêmea (gynaikós) ao mesmo tempo –, pois se refere à mistura de suas representações, derrubando regras culturais que limitam possibilidades não só de expressão mas também de atuação de cada um desses gêneros na sociedade. Então, a mulher que já assumiu papéis de autonomia na família, no trabalho e mesmo no Estado não quer ser uma cópia do homem: a saia pode representar poder, ela não precisa ser mais sexy todo o tempo e não admite qualquer tipo de assédio ou violência. Do mesmo modo, um homem não precisa se comprometer com a força, os esportes nem almejar o poder como executivo ou ser o "chefe" da família; ele pode ser o pai atencioso, o cozinheiro, o florista, o dançarino.

Nesse cenário surgiu na moda o termo "no gender", o que não me parece correto para explicar esse "embaralhamento". Sempre há os gêneros, e o que temos hoje é um novo uso dos símbolos ditos exclusivamente femininos ou masculinos. O homem pode usar maquiagem? Sim, se os faraós usaram, por que apenas as mulheres teriam esse direito? A masculinidade exclui a possibilidade de saias? Em diferentes épocas da sociedade, os lutadores usavam saias e até hoje os escoceses lotam estádios de futebol com seus kilts. Descolar o sentido cultural atribuído aos objetos mais relacionados a nossa "segunda pele" é um desafio, e talvez seja um dos muitos que o novo milênio terá de encarar.

Temos dois bons exemplos de como as rupturas com as tradições chegaram até o mainstream da moda. O primeiro é a calça skinny: feita de tecidos com elasticidade e muito justa, revela o volume e o contorno das pernas. É um dos modelos mais vendidos por todas as marcas masculinas – das mais populares até as grifes –, o que é muito interessante já que foge das proporções características da convencional "roupa de homem". É, igualmente, uma peça-chave para qualquer gênero e funciona como meia se usada com camisetas compridas, como mulheres usam com as leggings. A segunda peça é a camiseta comprida que tem a mesma modelagem de um vestido mini. Um homem não assumiria usar um vestido, mas uma camiseta comprida é sucesso até entre os que rejeitam qualquer risco de parecer "mulherzinha". Na medida em que cantores heterossexuais ou jogadores de futebol aderiram à calça skinny ou à camiseta longa, eles deram o aval para que outros homens também usassem.

Os novos designers vêm apresentando peças para serem customizadas pelo usuário, homem ou mulher. Costumam ter proporções mais amplas, como ganchos grandes de calça, e fogem das construções convencionais de roupas que são desse ou daquele gênero.

Misturar elementos de diversas culturas, dar igual valor a elementos rústicos ou delicados sem rotular como próprios desse ou daquele gênero, possibilitar outros padrões de beleza são características da moda contemporânea, que tenta romper com o bloqueio conservador no qual os segmentos masculinos continuam muito presos ao machismo, que ainda é um mal em todos os países.

Todavia, os gêneros estão sempre presentes: seja quando um "homem trans" busca as mesmas representações de um homem "cis" – aquele cuja identidade corresponde ao corpo biológico –, seja quando busca se apresentar com novas combinações que fujam do estabelecido.

O costume ou "terno" – paletó, gravata e calça – continua representando um código de poder, mas hoje, com mulheres líderes, esse terno ganha novas interpretações. A liderança feminina influencia profissionalmente os homens mesmo no modo como eles se apresentam, com um interesse maior em beleza e moda.

O termo "metrossexual" foi interpretado como o homem da metrópole que se ocupava mais com sua aparência e que, sobretudo, se apresentava como heterossexual. Em um pressuposto equívoco de que todos os gays se cuidam e se vestem bem. As questões da sexualidade não interferem na maneira de representação de gêneros: um homossexual pode ser conservador, por exemplo.

Reconhecer um fluxo maior entre as representações de gênero não diminui o quanto o machismo ainda está presente na sociedade, por isso faz parte de uma pauta de lutas pelos direitos iguais. O machismo tem consequências até mais graves nas comunidades periféricas onde a pobreza diminui as possibilidades de avanço do ser humano e de viver com dignidade. Mesmo colocados à margem, seus moradores são responsáveis por grandes movimentos artísticos e por trazerem discussões sérias como racismo e sobre gêneros para o grande público. Assim como impressiona a periferia ser berço de nossos maiores movimentos musicais, as referências de beleza também. Então, os salões de cabelos das comunidades e seus criativos moradores com suas improvisações nos looks influenciam os produtores de grandes estrelas. Um cabelo do tipo black power pode ser sinal de que o negro está valorizando suas características; o jeito como mexe seu quadril e sua cintura quando dança, sua roupa colorida e seus acessórios extravagantes podem ser sinais de que o homem da periferia pode se representar fora das cobranças do seu gênero.

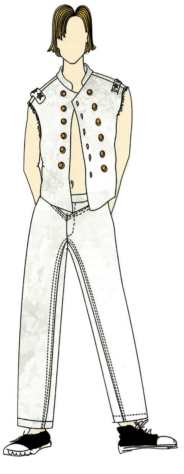

A moda trata de validar essas manifestações perante a sociedade. Um ciclo se cria quando artistas vão divulgar para milhões essas culturas periféricas que se reinventam, na medida em que veem sua cultura espelhada. E mesmo em uma população repleta de agentes castradores, das comunidades vários grupos e indivíduos conquistam grandes mídias e mexem com estruturas conservadoras, defendendo com isso várias possibilidades de exercer suas masculinidades.

Capítulo 8

PERFUME DE HOMEM

A fotografia de moda pode nos surpreender quando associada às marcas de perfumes; o produto que se vende, via imagem, é etéreo, não pode ser tocado, não tem forma e suas essências combinadas são muito variadas. A escolha de um perfume é feita tanto pelo olfato quanto pela visão; os olhos focam o design do frasco e da embalagem. Mesmo assim, a memória da imagem publicitária de um perfume demonstra que já fomos seduzidos antes de usarmos o olfato.

O perfume faz parte da moda, entendida aqui em sua complexidade, muito além das roupas e acessórios. Os designers ou marcas de moda assinam os perfumes, fazendo com que as essências sejam parte das coleções que hoje avançam para todos os lados do consumo, casa, carro e eletrônicos, uma continuação do corpo. O estilo de cada marca aparece representado principalmente na imagem de moda; no caso das campanhas de perfume, o clima é ainda mais onírico. O cenário, a modelo, como ela se apresenta estão ligados ao espírito da marca; mesmo se distinguindo a cada semestre, com elementos e composições diferentes, mantém-se a sua essência. Por isso, as coleções de roupas, acessórios e calçados estão associadas por completo ao perfume. Como o tempo de lançamento de um perfume é diferente do de uma coleção de roupas, o perfume pode ser o mesmo durante muitos anos e então suas campanhas podem ser renovadas em um espaço de tempo diferente do das roupas.

Os frascos dos perfumes não precisam estar presentes nas fotos, o corpo sim! A intenção da fragrância é provocar sensações e emoções, além de identificar nosso estilo, provocando experiências também aos outros. O corpo traduz o estilo da marca sem que precise estar vestido. A nudez, usada com frequência em campanhas de perfume, pode ser, acima de tudo, uma provocação. No contexto em que a foto é publicada – as revistas de moda – os anúncios ou editoriais podem sofrer censura, como ocorreu com o perfume M7, de Yves Saint Laurent: em muitos veículos a foto do modelo nu foi publicada com corte.

A sensação de impossibilidade de viver a cena apresentada, seja pelo luxo excessivo, seja pela produção onírica ou pela locação inusitada é, de certa maneira, recompensada pelo desejo de adquirir o perfume.

> É preciso insistir nessa diferença: emancipação dos corpos sim, porém em imagem, em efígie, no espelho. Se até agora aumentaram as pressões das normas de civilização, educação e socialização, essas eram e são agora "liberadas" em imagens especulares, espectros, fantasmas corpóreos que exercem – até retroativamente – poder e violência. Inclusive onde são aparentemente espalhados (nos esportes, no consumo, no sexo) os corpos seguem as imagens, suas regras quase involuntárias; uma vez que, concernente ao imaginário, nada é mais rechaçado do que a suposição segundo a qual se teria um livre curso na fantasia. (KAMPER, 2002, p. 13)

O corpo é o centro da imagem de moda e, aqui, nos interessa a maneira como os corpos são tratados nas campanhas de perfume. Na maioria delas, como instrumento. O perfume, foco deste capítulo, segue outro caminho nas possíveis representações do feminino e do masculino.

São muitas as campanhas de perfume masculino que merecem observação mais apurada porque é provável que sejam pistas sobre o universo dos homens, mas guardo uma imagem em especial que, mesmo que já tenham se passado muitos anos, continua importante.

Em 1994, buscando complementar sua linha de roupas casuais, a marca Calvin Klein lançou o perfume CK One, uma fragrância para ambos os sexos – "Para homem e para mulher" –, surpreendendo o mercado de moda no qual tais categorias estão definitivamente marcadas. O frasco foi inspirado nos cantis militares e lembra as garrafas de bolso de uísque. O design veio ao contrário do mercado de perfumes, em que o requinte e o glamour caracterizam as embalagens.

O responsável pelas imagens de CK One desde o início tem sido Steven Meisel, fotógrafo que começou a ter as fotos publicadas nas grandes revistas no fim dos anos 1980 e se tornou muito conhecido pelas fotos que fez com Madonna – desde a capa do álbum *Like a virgin*, de 1984, até o polêmico livro *Sex*, de 1992. Seu trabalho é marcado por referências à sexualidade e à política.

Para as fotos do perfume, Meisel reuniu em um estúdio com fundo branco jovens de ambos os sexos, raças e estilos diferentes usando jeans e camiseta. A âncora da campanha era Kate Moss, uma jovem modelo que, no início dos anos 1990, se distinguia das chamadas top models; naquele período, elas começavam a ter status similar ao dos *rockstars*. Na moda, modelos como Cindy Crawford, Naomi Campbell e marcas como Versace representavam o poder de uma moda calcada no desejo de status e em corpos esculturais. Em meio a mulheres altas e curvilíneas e homens musculosos fotografados como esculturas gregas, Kate Moss representou um grande diferencial e as fotos de Meisel chegaram na contramão do que se via na moda divulgada em revistas e outdoors.

A câmera parece flagrar um grupo de jovens tatuados e com piercings discutindo e outros com expressão de perplexidade. Não identificamos imediatamente o sexo dos modelos, uma oriental agachada – a modelo ativista gay Jenny Shimizu – poderia ser identificada como rapaz pela sua aparência, roupa e pose. Homens e mulheres se misturam. Do mesmo modo, estão entre os modelos a futura diretora de cinema Sofia Coppola e o astro de música pop Donovan Leitch. Mas no centro estava Kate Moss, de saia curta, regata e coturnos, e atrás, mais alta que os homens, está a modelo Stella Tennant, que poderia ser confundida com um deles. Os corpos dessas modelos contrastam não apenas entre elas, mas com o "ideal" da época. Nenhuma delas parece usar maquiagem. A imagem torna real a ideia de um perfume para todos (o que também poderia significar que o sexo foi omitido). Mesmo sem nenhum apelo sexual, a provocação está nos modelos muito próximos uns dos outros, sem expressar padrões determinados – nos corpos ou nas roupas –, sem luxo, sem cenário (é usado um fundo branco), que usam o mesmo perfume.

Trata-se de uma composição chamada *tableau vivant*, em que grupos de pessoas aglomerados já apareciam nos *portraits* do século XVI.

A campanha difere ainda por optar pelo uso do preto e branco, que contrasta com a explosão de cores da moda na época. O preto e branco sempre esteve relacionado a uma estética realista, ao desejo de uma fotografia crua e dramática, lembrando o início dessa linguagem com seus jogos de sombra.

É interessante observar que a foto é uma releitura de uma grande obra de Richard Avedon, "Andy Warhol and Members of the Factory", de 1969. São atores, cantores, performers que atuavam com Warhol, alguns nus como a transexual Candy Darling, que atuava nos filmes do grande mestre da arte pop. O fotógrafo consegue transmitir a aura de liberalidade e de atitudes revolucionárias do grupo.

Com certeza, representou um novo tipo de marketing voltado ao chamado "público jovem" e impulsionou uma onda de campanhas que envolviam temas sociais, principalmente um caminho mais fluido de sexualidade com modelos ambíguos. Essa estratégia continua até hoje na trajetória do CK One, que continua tentando agradar o público muito jovem, hoje muito diferente de quando Kate Moss era adolescente. Na moda, também as referências mudaram e o conceito de juventude não está apenas associado às camisas de flanela grunge ou a uma roupa muito clean e minimalista, como jeans e camiseta ainda que seja esse o mais importante segmento da grife Calvin Klein.

Na sequência de novas campanhas, foram acrescentados elementos de cenografia que se aproximavam mais de novos códigos, como das artes urbanas e do design digital. Já na foto de 2011 o grupo não está discutindo ou encarando e confundindo o espectador como na primeira campanha, o novo grupo está em um clube ouvindo música alta e se esbarrando. Segundo a comunicação da marca, o foco são os jovens na faixa de 17 anos que hoje celebram mais a individualidade, permitindo-se ser mais agressivos em relação à androginia.

A marca deixou de ser apenas uma garrafa de perfume e se expandiu para uma linha de roupas com espírito unissex, com o underwear como único produto com gênero específico. Também foi criada uma linha de maquiagem. A comunicação incorporou o *fashion film*, que se tornou um grande instrumento para a indústria de moda, e a hashtag #meforme como slogan de uma geração marcada pela câmera-fone.

O *fashion film*, de 2018, dirigido por Zal Batmanglij, focou a individualidade, a *self-expression* e a comunicação em alta violência dos nossos tempos. As cenas retratam momentos, como se os personagens estivessem em volta de encontros e desencontros que podem acontecer em segundos. O grupo volta a se reunir e forma um novo *tableau vivant* em um r*ooftop* com a vista de Nova York, em foto de Willy Wanderperre. A intenção parece ser traduzir como o espírito da marca vem se reinventando desde 1994 até hoje, com questões como limites nas representações pessoais.

A categorização das fragrâncias por gêneros – como classificar essências florais ou frutadas para mulheres e amadeiradas para homens – hoje é vista como estereotipada e parece influenciar as grandes casas a lançar vários *gender fluid* fragrâncias. No entanto, há uma diferença entre o unissex e o gênero fluido que aponta para uma transição entre um gênero e outro de maneira mais leve, sem que estejamos excluindo os gêneros. O termo "não binário" pode explicar bem esse caminho da perfumaria que, assim como a confecção e todas as expressões de design, tende a não classificar mais as matérias-primas ou as formas de combinação como apenas para homens ou mulheres.

Na verdade, há muitas mulheres que preferem usar perfumes ditos para homens, como podem comprar peças nos departamentos masculinos. A diferença hoje é o posicionamento da indústria, que muitas vezes é mais resistente que o público perante uma agenda de diversidade.

De acordo com pesquisas, o lançamento de fragrâncias unissex no mercado europeu teve crescimento de 15% a 18% no período de 2014 a 2018, enquanto as vendas de fragrâncias "femininas" baixaram de 66% para 62%. Isso pode significar o papel de boa parte de consumidores que querem ser mais livres para escolher seus produtos.

Capítulo 9

VOCÊ É HOMEM?

A fotografia de moda constrói possibilidades de ambivalência: campanhas e editorias demonstram representações de feminino e masculino mais maleáveis e fluidas. Mesmo em meios mais conservadores, a moda consegue encontrar brechas para derrubar padrões morais até então não questionados. Nesses primeiros anos do novo século, um quadro de exigências sociais se tornou emergente, questionando o casamento e a família tradicionais, a vida privada, a sexualidade, a virilidade e os gêneros. Como em todos os meios de comunicação, a moda toma parte dos debates sobre a igualdade de direitos de todos, dos problemas da política, do meio ambiente, da vida em comunidade e da necessidade de individualidade. Até no caso de marcas voltadas para a distribuição em massa entendeu-se a necessidade de repensar conceitos de públicos e concluir que, mesmo sem poder de compra, o pobre tem vontades e acesso à informação.

O mercado popular de moda está cada vez mais próximo das grifes famosas, até mesmo porque hoje as maiores referências do luxo estão nas ruas. Então, mesmo que não haja matéria-prima e mão de obra de qualidade, as marcas populares se aproximam pouco a pouco dos designers famosos, das tendências, cores, formas e estampas mais divulgadas pelas revistas e pelos sites de moda.

A roupa e o acessório que aliam preços competitivos também podem ser encontrados nos departamentos masculinos. As ofertas de itens que fogem do trivial e do básico aumentam passo a passo. Impulsionadas pela extravagância de cores e formas dos sneakers, as roupas masculinas vêm ganhando novos materiais e novas proporções.

As grifes de luxo, compradas por grupos financeiros, abriram lojas em todas as grandes cidades do mundo para atingir as classes mais privilegiadas desses países e, ao mesmo tempo, seduzir os mais pobres, que acabam se contentando com a compra de perfumes e cosméticos famosos ou apelam para o mercado paralelo das cópias, em particular de bolsas.

A China é responsável pela fabricação das peças das redes mais populares tanto quanto das peças de grife e também das do mercado das peças falsificadas para aqueles que só se preocupam em ostentar logotipos de luxo. O continente asiático se tornou também o maior comprador de peças luxuosas e se prepara para deixar de ser apenas mão de obra para se tornar uma grande potência na moda. Enquanto isso, as marcas locais – tanto faz se redes de lojas populares ou grifes – lutam para conquistar espaço, espelhando-se em seus vizinhos internacionais.

Temos, então, duas situações antagônicas: de um lado, os indivíduos estão mais interessados em criar suas representações, lutando pelo direito de cada um ser o que quer; de outro, o mercado de moda, que está nas mãos de poucos que fabricam as mesmas peças em grandes quantidades e com muita semelhança entre elas.

Seja na criação do produto, seja na imagem, as grandes redes investem em um elevado número de peças básicas que é promovido por meio de anúncios com ídolos populares (cantores e atores) ou, como mais recentemente, por pequenas coleções assinadas por designers de marcas de luxo que trazem um "aroma de exclusividade e status" às linhas populares.

As principais campanhas e anúncios de página dupla nas revistas são feitas pelas grifes, portanto são elas que ainda movimentam a produção de imagens de moda. Além do desafio de surpreender seu público principal, elas precisam, hoje, falar com seus novos públicos: aqueles que estão ascendendo financeiramente, entre eles brasileiros "novos ricos" e chineses em busca do poder. O que isso mudaria em relação à questão da representação do feminino e do masculino? As agências precisam ser criativas e inovadoras e, ao mesmo tempo, atender às "ordens" de seus clientes que estão cada vez mais preocupados em fazer circular suas mercadorias com maior rapidez. Assim, as campanhas têm de surpreender na medida certa um público que se tornou muito mais heterogêneo.

Em 2011 uma campanha me chamou a atenção a ponto de inspirar minha tese de doutorado. A rede de lojas inglesa French Connection apresentou uma campanha para o verão de 2012 com o seguinte questionamento: "Você é homem?". As imagens foram usadas em diversas mídias, até na fachada de alguns de seus pontos de venda, como outdoor. A agência Fitch, responsável por essa campanha, apresentou homens e mulheres em situações fora do convencional, perguntando "Você é homem?" e "Você é mulher?".

As mulheres foram retratadas enquanto comiam sanduíches em calçadas, já os modelos masculinos apareciam em situação de fragilidade ao lado de gatos ou paparicados pelas tias. Mas a imagem que mais me tocou, e foi mais usada também no visual merchandising das lojas, mostrava o homem no mar. Um modelo – de barba, com traços fortes, sobrancelhas grossas, postura ereta – aparecia em uma boia infantil dentro d'água. Ele veste roupas da coleção, tem uma expressão perplexa como se estivesse perdido no oceano. *You Are Man?* é o texto que aparece ao lado do personagem e abaixo dele, como uma legenda, o nome da marca: French Connection e "for man", em negrito.

Em pesquisa nos principais blogs de moda e publicidade, identificamos que a campanha *You Are Man?* agradou aos dois lados pela estranheza, entendida aqui como um modo de surpreender o possível cliente e pela maneira inteligente como o fez. Em terras de monarquia, de movimentos urbanos como o punk e de vasto repertório de expressões criativas, a estranheza é um fator determinante, mas a missão de surpreender não é fácil. O estilo usado pela agência não poderia ser mais britânico: o humor ácido. Essa característica, difundida nos mais diversos meios, como na literatura, no cinema, na TV e na moda (em que a estilista Vivienne Westwood pode ser considerada o maior expoente), é usada a fim de chamar a atenção para a marca antes mesmo de mostrar uma coleção.

Observamos dois endereços diferentes: no primeiro os espaços da vitrine e do outdoor são separados, no segundo há uma integração, em que o outdoor é parte da vitrine.

Na loja da Brompton Road, distrito de Knightsbridge, o outdoor está separado da vitrine. Trata-se de uma região bastante movimentada, frequentada por londrinos e turistas que seguem em direção aos grandes museus. Nessa região se concentram lojas importantes, como os magazines que se tornaram pontos turísticos (Harrods e Harvey-Nichols), além de marcas de luxo. A loja, em uma esquina de frente para uma das saídas mais movimentadas do metrô, tem o outdoor. O corte na imagem acompanha as linhas da estrutura do prédio e traz na parte in-

VOCÊ É HOMEM? 145

ferior o texto *You Are Man?* Em um primeiro momento, não se identifica o painel como anúncio de uma marca de moda, o que causa mais estranhamento.

A outra loja que analisamos situava-se em outro ponto de grande movimentação de Londres, a Oxford Street, um dos centros mais importantes para a moda internacional. A French Connection da Oxford Street ocupava um quarteirão ao lado de um semáforo em um dos cruzamentos mais movimentados da agitada rua, próximo à imensa Selfridges.

Diferentemente do que ocorre na outra loja, o outdoor da Oxford Street se integra à vitrine: o adesivo com a imagem das águas vai até a base da vitrine e um recorte possibilita que os manequins e o cenário sejam vistos.

Os manequins trazem elementos que nos chamam a atenção: eles usam, da cintura para baixo, trajes de banho. A referência à estação verão é dada por essas peças, mas a marca não está anunciando um verão "exótico" de férias em balneários, mas um verão urbano em que as pessoas se vestem para o trabalho, para caminhar nas ruas e para o lazer nos parques ou em suas viagens. A combinação dos maiôs com as camisas de manga longa, jaquetas e paletós cria um estranhamento ainda maior, pois o deslocamento na função da roupa revela um grande trabalho de criação de imagem de moda. Assim como nas produções de editoriais de catálogos e revistas, não há um respeito ao uso cotidiano das roupas, o que importa é a criação de imagens fortes que levem as pessoas a se interessar e a gastar um pouco de seu tempo para observar.

A cenografia toda refere-se ao mar; os manequins tornam-se personagens que carregam boias, usam óculos de mergulho e bigode. O mar e as nuvens da cenografia criam uma ambiência divertida com as boias e o mar, ambos de matéria plástica inflável.

Fica claro que a marca não está interessada em se comunicar com qualquer público nem em cumprir a função que muitas vezes pode ser a de uma vitrine: exibir a combinação de modo didático para despertar o interesse de possíveis compradores que se interessem pelos looks didaticamente apresentados.

O lúdico do cenário, da produção dos manequins, das combinações das roupas e, em especial, a provocação *You Are Man?* estão direcionados a um destinatário específico e buscam encantá-lo pela criatividade e pela linguagem contemporânea de moda.

A expressão *You Are Man?* se apropria de uma linguagem coloquial e deixa de ser uma simples pergunta para fazer dois questionamentos: "Que tipo de homem você é?" ou "Você é homem suficiente para ser como este da French Connection?". A campanha eleva o cliente a um patamar diferente de um homem comum preocupado todo o tempo com a seriedade e a virilidade. Um homem pode ser infantil e sonhador como o personagem Dom Quixote, ao qual as fotos fazem referência.

Um homem desesperado em entender seu novo papel tem sido apresentado em várias esferas da arte e da comunicação. A pergunta *You Are Man?* também faz parte dessa questão. Ser um homem para quê? Um homem que pode ser infantil, ousado, extrapolar seu papel engessado e até mesmo abrir mão "do luto" representado pelas roupas escuras e sérias. O observador em um primeiro momento se surpreende com o inusitado da imagem. Está cumprida a missão: levar o pedestre a parar e observar o outdoor que faz parte da vitrine; algo que ocorre no editorial de revista – fazer o leitor gastar um tempo a mais em determinada página ao folhear uma revista e "ler" o anúncio.

A French Connection não parece preocupada em mostrar uma peça de sua nova coleção nessa imagem. Mesmo não tomando um caminho similar ao das marcas que deixam de apresentar seus produtos nas campanhas, não há preocupação em mostrar o produto com todos os seus detalhes. A camisa é a configuração do masculino e a chave do estranhamento da situação da foto. Assim, French Connection vale-se dessa "encenação" e nos coloca dentro dela, sendo mais uma marca a cutucar a identidade do masculino, a coragem de ser autêntico, fora do padrão, e nos levando a fazer parte de uma "distinção" ao consumir seus produtos.

Para entendermos a diferença da campanha do Verão 2012 da French Connection em relação a outras campanhas masculinas que usam o mar como cenário, vamos tomar dois exemplos de perfume, nos quais podemos observar o modelo e a postura dele diante da câmera.

No anúncio do perfume Davidoff Cool Water, na legenda vê-se *The power of cool* e, ao lado do modelo, ocupando grande espaço na imagem, aparece o perfume.

A leitura é simples: o que me dará o poder de ser cool é o perfume. O modelo é Paul Walker, ator hollywoodiano conhecido pelo filme *Velozes & furiosos*. Na segunda imagem, na campanha do perfume Light Blue, de Dolce&Gabbana, temos o modelo David Gandy, um dos dez maiores top models do mundo. Por ser um dos modelos mais famosos do mundo, representa a imagem tradicional de "homem perfeito": pele bronzeada, olhos claros, musculoso. O perfume está posicionado na altura da sunga branca, o vidro do perfume é igualmente branco. O texto se resume ao nome do perfume e à marca, em um cenário que representa um destino de turismo de luxo, a ilha de Capri.

Não há nenhum questionamento ou estranhamento nessas imagens. Elas apenas nos mostram belos lugares e modelos, e tentam nos iludir de que podemos ser como eles, ricos, para desfrutar também essas paisagens.

Poderíamos entender, com a comparação da campanha da marca em questão, como são as maneiras diferentes de retratar os homens.

No cenário do modelo com a boia infantil não há céu azul limpo, podemos imaginá-lo como um náufrago.

A campanha *You Are Man?* da French Connection confirma que a marca abriu mão de um modelo de corpo apolíneo, de uma beleza "irreal". Em um contexto no qual o público não só valorize sua individualidade como busque a verdade em tudo que consome, vejo que a campanha cria uma estratégia de se afastar de um ideal para valorizar traços até então perdidos ao masculino. Pode indicar um caminho do mercado da moda para se aproximar de um homem que está se desvencilhando da imagem violenta e competitiva, e que, ao contrário disso, valorize o humor e a sensibilidade.

Capítulo 10

COMO SERÃO OS HOMENS DE AMANHÃ?

Blade runner (Ridley Scott, 1982) continua sendo uma grande referência sobre o futuro, ainda mais hoje que vivemos em 2019, o ano do filme. Os "replicantes", homens artificiais, fortes, perfeitos mas tristes por terem sido fabricados, impressionam porque são recriações de tempos que passaram. Trata-se de uma obra deslumbrante e de recriações do nosso imaginário, alimentadas tanto pelo cinema quanto pela moda. As citações como figurinos de divas hollywoodianas, roupas de plástico dos anos 1960, airbrush e o japonismo dos anos 1980 lembram que o hoje é uma mistura do que vivemos antes. E o futuro se mostra como o avanço em que beleza e moda são misturas de diferentes épocas e lugares, cada indivíduo mostrando seu estilo único.

Hoje, a produção em série tem o desafio de lidar com a necessidade de expressões individuais, considerando que indústrias de roupas, acessórios e calçados precisam produzir milhares de peças de um mesmo modelo. As marcas tiveram de aprender a oferecer diversidade de estilos e incentivar as possibilidades de combinações de cada um. É um momento novo no qual não só as pessoas estão optando por ser várias ao mesmo tempo como as roupas não cabem mais dentro de um determinado segmento apenas. Os profissionais estão aprendendo a lidar com os públicos masculinos do "futuro", o que pode explicar o caminho da moda masculina internacional para os próximos dias.

Nas passarelas da temporada internacional de verão em 2020 é difícil perceber padrões de homens: são misturas de raças e belezas dos modelos. O futuro deve trazer cada vez mais homens diferentes uns dos outros.

O que houve em comum na grande maioria dos desfiles foi a escolha de modelos cada vez mais jovens; quase não há adultos na passarela. Os garotos não aparentam mais que 18 anos. Magros, não parecem se exercitar com halteres e saíram das ruas para o fashion show. Na passarela, o homem galã talvez tenha dado lugar ao homem bem-humorado. Esses homens gostam de cores, inclusive no cabelo: japoneses de cabelos descoloridos, franceses despenteados, negros com penteados afro.

Não há mais sapato, os tênis só deixam os pés para as sandálias e carregam muitos bolsos além de bolsas, mochilas e capangas, dando um ar cada vez mais prático e próprio para a mobilidade, outra grande questão do nosso tempo.

A maioria das marcas de luxo como Louis Vuitton deixou para trás os desfiles de modelos olimpianos ou de qualquer beleza extraordinária: a escolha foi pelos altos e magros, como um desses skatistas com quem se esbarra na rua. As grifes querem ganhar a Geração Z, todos querem parecer mais jovens e as maisons centenárias precisam se rejuvenescer. Os grandes ídolos pop ganham idade e se reinventam, muitos conseguem transmitir toda a energia dos seus 20 anos e inspiram os "meros mortais". O futuro ainda pode ser do "novo homem velho".

NO AGE

O envelhecimento é uma questão mundial importante por vários fatores, entre eles a sociedade se repensar para uma população que envelhece de modo diferente e tende a viver muito mais tempo. O mercado tem de rever como tratar essas gerações que chegam facilmente aos 90 anos e podem continuar sendo roqueiros, motoqueiros, bailarinos ou performers, por exemplo. A idade não dá mais conta de ser uma boa maneira de classificar um público. Podemos ver muitos profissionais que não param mesmo com as limitações impostas pelo corpo e querem manter seu estilo, alheios aos olhares atravessados de quem sempre falou que "lugar de velho é em casa". Eu adorava a frase que a minha avó dizia: "Velho é o trapo". Ela foi ativa até os 92 anos. Assim seguem cantores e bandas com homens que não se parecem nem um pouco com a imagem de vovôs.

As peças de roupa não serão mais para essa ou aquela idade. Encontramos homens de 20 anos com costumes sérios e homens de 70 com jaquetas. As ideias de seriedade e de sobriedade deixaram de ficar tão coladas a um ou outro traje, pois o próprio trabalho mudou, surgiram novas profissões e muitas organizações romperam os limites de *dresscodes* para esporte, trabalho e lazer.

Existe uma nova relação com o tempo de vida e muitos dos que chegam hoje aos 80 anos têm uma rotina e produção ativa, como jamais foi imaginado. De senhores aposentados pela sociedade, os novos velhos hoje se destacam nas ciências, artes e nos negócios. São homens que sempre tiveram uma vida ativa e mantêm um ritmo semelhante. Hoje, estão presentes em campanhas de moda e seus cabelos grisalhos não são mais rejeitados, inclusive estão tingindo o cabelo de branco.

O gosto por brechós demonstra que a moda vê o passado com outros olhos, e muitas coleções – como da marca Gucci – alavancam o estilo retrô. Alessandro Michele, diretor criativo da marca desde 2015, vem imprimindo um estilo que desconstrói o sentido de elegância. Seus desfiles trazem personagens que parecem ter saído de livros empoeirados, em um universo de sonhos em que parecem preocupados em encantar e não seduzir. O mote voltado ao erótico, presente quando a Gucci esteve nas mãos de Tom Ford, de 1994 a 2004, não existe mais. Michele também fala para milionários, mas hoje eles são excêntricos e estão empenhados em criar divertidos personagens quando se vestem. Suas campanhas se destacam pelas referências ao surrealismo. No lugar das camisas abertas de Tom, as misturas de padrões e combinações inusitadas de peças: o playboy virou artista.

Assim como Tom Ford soube captar o espírito dos garotos e garotas do fim do milênio, Alessandro Michele traz para a passarela imagens que não estão presas a determinada idade ou a um corpo perfeito. No novo mix de peças que compõem um look em que não há a estética antiga de combinação de cores – activewear se mescla com alfaiataria –, as cores e misturas de padrões seguem em busca do inusitado. As roupas não são feitas para durar apenas uma estação, elas se ressignificam em cada look que o próprio cliente deve se sentir à vontade para criar. Quando há uma política de sustentabilidade, evitando o descarte fácil e o lixo, roupas e acessórios devem ter várias maneiras de uso, devem durar bastante ou se transformar e não ser abandonadas: partes delas são usadas para criação de novas, como propõe o upcycle.

O paletó faz parte desse cenário de valorização do que preservamos com o tempo e um sinal das linhas que cruzam as novas combinações do vestir. A alfaiataria, um processo artesanal, atravessou os anos e manteve seu papel fundamental na moda. O paletó é uma peça tão jovem quanto uma jaqueta perfecto. Desde que passou a ser usado com jeans ou mesmo calça de moletom, deixou de ser uma peça de "gente velha" ou séria demais, como um blusão de capuz pode combinar muito bem com uma calça de alfaiataria.

O NOVO DAS PASSARELAS

Voltando às passarelas de lançamento do Verão 2020, além do fenômeno do streetwear, a moda trouxe roupas clássicas de décadas passadas, mostrando que o *no age* vai além do público. O novo das passarelas está na atitude das grifes no que se refere às peças e à combinação entre elas, dos modelos que apresentam e de todo o espetáculo do desfile. O desafio dos diretores criativos é apresentar novas propostas, respeitando que se entendem como moda masculina as diferentes possibilidades entre calça e camisa. Saias ou vestidos para homens aparecem de modo mais natural, porém continuam como mais provocações que produtos importantes no mix da maioria das marcas. Mais do que novas formas, nas coleções apresentadas destacam-se novos materiais e beneficiamentos, além de uma modelagem mais fluida.

Em Paris, a grande maioria dos desfiles demonstra que o homem não está com medo das cores vibrantes nem de estampas líquidas e também aceitam camisões e outras proporções até então improváveis. Como se trata de roupas para o pequeno período de dias ensolarados no hemisfério norte, há um "certo" ar mais livre e até alucinógeno, mas, por ser um estado de espírito, deve permanecer em todas as estações.

COMO SERÃO OS HOMENS DE AMANHÃ? **157**

Se há um saudosismo hippie, talvez seja ele que faça o gênero aqui não importar mesmo e a moda é mais relax, calma e *artsy*. Seria por essa razão que garotas se misturam ao casting para confundir. A mensagem é *it doesn't matter*: não me leve tão a sério. Junto às cores, há muitas flores, pinceladas fortes e estampas realistas.

Mas onde estão os playboys da noite? Estão na Itália, vestidos de Versace, por exemplo, que sempre vestiu os frequentadores de casas noturnas com seus carrões, ou os homens que sempre se imaginaram assim. São outros jovens: frequentadores de academia, que preferem calças e camisas justas. Há uma sensualidade caricatural. Penso nos homens que usam a marca nos lugares mais remotos do mundo e sonham com as festas das séries, cheias de garotas de pernas compridas e jogadores de futebol.

A imagem é a juventude, o cliente não tem idade, tanto faz se tem 15, 30, 45, 60 anos. Não é necessário comprovar idade para comprar, só dinheiro. As roupas nos corpos dos garotos adquirem o poder de rejuvenescer, essa lógica fez com que as marcas como a *chic* Valentino ou a minimalista Jill Sander passassem a preferir castings tão pueris.

Os homens de rosto quadrado e covinha no queixo parecem funcionar mais nas propagandas de perfumes, já nas passarelas parecem deslocados. Eles vagam nas passarelas mornas de Armani como fantasmas de homens ricos bem nascidos, em um ritmo alheio à velocidade dos nossos dias. São apenas estereótipos de homens lindos sem alma.

Os italianos também flertam com o kitsch em arquétipos do *dolce vita*, fantasias de ricos conquistadores, frutos da fantasia que giram um mercado de cópias baratas espalhadas por todos os lugares do mundo.

Prada vai por outro caminho demonstrado pelos investimentos em arte na fundação com sede em Milão e Veneza. Responsável por introduzir o esportivo nylon em suas coleções e sapatos de solados emborrachados (semelhantes ao tênis), a grife fala para um homem da metrópole ligado em cultura e tecnologia. O desfile masculino Verão 2020 ocorreu em um antigo silo em Xangai. Na passarela, escoteiros cibernéticos, meninos em sua maioria orientais, com suas parkas, meias e tênis em um clima street tecnológico, resgatando o tecnopop dos anos 1990. No quesito diversidade, vale destacar no casting o modelo Nathan Westling, que estreava na semana de moda masculina poucos meses após assumir sua identidade transgênero. Antes era um dos nomes mais requisitados pelas coleções femininas.

Marcas associadas a executivos de ternos impecáveis mostraram interesse em se reposicionar e seguir a imagem da temporada. A Dunhill trouxe modelos de cabelos longos para rejuvenescer seu público. A alfaiataria também foi renovada com tecidos repletos de tecnologia e modelagens mais experimentais.

Paul Smith, marca que em 2020 comemora 50 anos, é um dos grandes nomes da moda masculina, responsável por trazer cores vibrantes para a alfaiataria inglesa. A sua coleção mostrou proporções compridas e largas, misturando o *zoot suit* com a década de 1980 em vários looks monocromáticos. Homens e mulheres usam os mesmos costumes em produção casual para acompanhar o *mood* do verão.

A grife Hermès apresenta o estilo sofisticado que a transportou da equitação para a moda, mas procura rejuvenescer sua marca. Os meninos skatistas que desfilam ganham sofisticação com peças que colocam a expressão streetwear, mas vestem camisetas *chics* com padrões geométricos e camisas com estampas que lembram os seus *foulards*. Em toda a comunicação a grife alimenta o selo francês da moda, nutrindo admiração pelo espírito parisiense capaz de conquistar públicos ricos de várias partes do mundo.

Junya Watanabe usa patchworks de tecidos naturais e lavados como tema da coleção "Nowhere men" que vem ao encontro de um mundo cada vez mais conectado e da realidade dos refugiados. A coleção traz combinações inusitadas que lembram os moradores de rua, que sobrepõem as roupas sobre o corpo. E este é o DNA do designer que vem da escola dos japoneses que invadiram Paris nos anos 1980, cujo Rei Kawakubo é seu protetor.

Homme Plissé Issey Miyake leva a coleção Menswear Spring/Summer 2020 para o centro da Place des Vosges em uma celebração não só da juventude mas da energia, da alegria que o verão inspira. Os convidados sentados nos bancos da praça veem meninos dançando, jogando bola e depois são convidados a participar da festa com uma bateria. É um evento surpreendente pela simplicidade extrema, sem nenhum grande recurso, mas que aborda as relações entre as pessoas, utilizando o exemplo de um homem sensível que gosta das pinturas e dos quimonos leves do Oriente e pode se vestir livremente em uma praça.

DE VOLTA ÀS RUAS

Os olhares de quem busca entender a moda contemporânea estão voltados cada vez mais para as ruas, mesmo durante as semanas de lançamento das grandes marcas. Afinal, os convidados são sinais diretos de tendências, a situação privilegia o autoral e, ao mesmo tempo, passam mais verdade porque são pessoas comuns que não estão na passarela. Por isso, além dos grandes astros da música e do cinema pagos para vestir as marcas e prestigiar os eventos, os *trend hunters* estão de olho em *influencers* com milhares de seguidores nas redes sociais e também nos anônimos criativos.

As grifes de grupos milionários estão voltadas para as ruas da maioria assalariada que só têm olhos para as grifes de luxo... Nesse movimento, a moda se consolida como uma das maiores maneiras de entender o que somos como sociedade. Além de uma das maiores indústrias responsáveis pelo emprego de milhares de pessoas, a moda é um espelho do que precisamos e desejamos. Por seu intermédio, muitos dizem o que querem ser, preocupando-se com a originalidade, e outros se escondem. Os homens estão atrás das mulheres no consumo de produtos da moda, mas atualmente o mercado masculino vem mostrando um crescimento grande. O amadurecimento das marcas de moda e a presença de designers autorais são sinais do reconhecimento de diversos estilos de homem. São bons sinais do reconhecimento de que os homens não são iguais e continuaremos falando de masculinidades, assim, no plural.

CORREDORES PARA O FUTURO

Quando se percorrem os corredores dos principais magazines de Londres e Paris em setembro de 2019, é possível perceber a diferença que as grifes masculinas fazem no mercado de moda. Se os departamentos de moda masculina podiam ser descritos como ambientes austeros com propostas iguais e conhecidas, hoje já não são mais os mesmos.

Elementos cenográficos, luzes coloridas e a mesma trilha sonora do bar da moda apresentam esses novos departamentos masculinos, que não são iguais nem mais divididos por esportivo, casual e *chic*. Um grande número de manequins espalhados indica estilos diferentes para os clientes se inspirarem. O visual merchandising aponta homens à vontade com peças soltas e compridas, nada incomoda; mesmo a calça do terno rouba elementos do jogging. No lugar de peças apáticas, o grande número de marcas apresenta algo de surpreendente em suas peças: uma estampa, um efeito refletivo, um recorte ou uma costura inusitada. As cores e os padrões se misturam, é permitido todo tipo de combinação e sobreposição porque o humor está presente em tudo. Isso não significa desinteresse pela moda; ao contrário, os andares dedicados ao masculino estão lotados e separados por idades e estilos. Por exemplo, os sneakers ocupam uma grande área e se entendem perfeitamente com as grifes de luxo. Muitas coleções deixam claro que os homens não precisam de roupas tão sérias e podem usar estampas classificadas como infantis, inspiradas na ficção científica e em histórias em quadrinhos.

É claro que em muitas profissões o rigor das roupas de cor escura e de peças que parecem imutáveis é obrigatório, como o conservadorismo no vestir que se mostra presente até em cidades muito avançadas. Mas mesmo que a sociedade tenha de enfrentar muitos dos males do machismo, hoje podemos ver mais homens à vontade com a imagem, com a moda. É apenas uma impressão antes mesmo do vigésimo aniversário deste século, mas como serão as décadas seguintes? Avançaremos nas questões de gênero? Seremos ainda mais abertos às novas caras, aos corpos e invenções para gerar novas imagens? Vejo-me curioso, imaginando como serão os comentários de um escritor sobre as expressões de masculinidades em 2099 e prevendo como será o século XXII...

REFERÊNCIAS BIBLIOGRÁFICAS

ARNOLD, Rebecca. *Fashion, desire and anxiety: image and morality in the 20th Century*. Londres: I.B.Tauris, 2001.

BAUDOT, François. *L'allure des hommes*. Paris: Assouline, 2000.

BELTING, Hans. *An anthropology of images: picture, medium, body*. Nova Jersey: Princeton University Press, 2011.

BOLTON, Andrew. *Men in skirts*. Londres:V&A Publishing, 2003.

BONAMI, Francesco (eds.). *Uniform: order and disorder*. Milão: Charta, 2000.

BRUZZI, Stella. *Men's cinema: masculinity and mise en scéne in Hollywood*. Edinburgh: Edinburgh University Press: 2013.

BUCKLEY, Richard. "Eros and uniform". In: BONAMI, Francesco (eds.) *Uniform: order and disorder*. Milão: Charta, 2000.

BUTLER, Judith. *Problemas de género*. Lisboa: Orfeu Negro, 2017.

CHEVALIER, Denis. *Au bazar du genre: féminin/masculin en Mediterranée*. Paris: Textuel et Mucem, 2009.

CICOLINI, Alice. *The new English dandy*. Londres: Thames & Hudson, 2005.

CONTRERA, Malena, GUIMARÃES, Luciano, PELEGRINI, Milton et al. *O espírito do nosso tempo: ensaios de semiótica da cultura e da mídia*. São Paulo: Annablume, 2004.

CORBIN, Alain (org.) *História da virilidade 3: a virilidade em crise? Séculos XX-XXI*. Petrópolis: Editora Vozes, 2012.

CRANE, Diana. *A moda e seu papel social: classe, gênero e identidade das roupas*. São Paulo: Senac São Paulo, 2006.

DIDI-HUBERMAN, Georges. *O que vemos, o que nos olha*. São Paulo: Ed. 34, 1998.

EDWARDS, Tim. *Men in the mirror: men's fashion, masculinity, and consumer society*. Londres: Cassell, 1997.

GRECO, Lorenzo. "Social identity, military identity". In: BONAMI, Francesco; FRISA, Maria Luisa; TONCHI, Stefano (eds.). *Uniform: order and disorder*. Milão: Charta. 2000.

KRAMPER, D. "Cosmo, corpo, cultura". In: WULF, C. *Encyclopedia antropologica*. Milão: Mandatori, 2002.

LATOUR, Bruno. *Jamais fomos modernos*. São Paulo: Ed. 34, 1994.

LEDDICK, David. *The male nude*. Colônia: Taschen, 1998.

LUCCHINI, Cristina. "Soldier's stuff". In: BONAMI, Francesco (Eds.). *Uniform: order and disorder*. Milão: Charta. 2000.

MALOSSI, Giannino. *Material man: masculinity, sexuality, style*. Nova York: Abrams Inc.

MARLY, Diana de. *Fashion for men: an illustrated history*. Nova York: Holmes & Meier, 1985.

McDOWELL, Colin. *The man of fashion*. Londres: Thames and Hudson,1997.

McNEIL, Peter. *The men's fashion reader*. Nova York: Berg, 2009.

MORIN, Edgar. *As estrelas: mito e sedução no cinema*. Rio de Janeiro: José Olympio, 1989.

PERRY, Grayson. *The descent of man*. Londres: Penguin, 2017.

POWRIE, Phil (edited) *The trouble with men: masculinities in European and Hollywood cinema*. Londres: Wallflower Book, 2004.

QUEIROZ, Mario. *O herói desmascarado: a imagem do homem na moda*. São Paulo: Estação das Letras e Cores, 2009.

RESPINI, Eva. *Cindy Sherman*. Nova York: The Museum of Modern Art, 2012.

SANTAELLA, Lucia, NOTH, Winfried. *Imagem: cognição, semiótica, mídia*. São Paulo: Iluminuras, 1998.

SALLES, Cecília Almeida. *Redes da criação: construção da obra de arte*. São Paulo: Horizonte, 2006.

SHERLOW, Cathryn. *Women and print culture: the construction of femininity in the Early Periodical*. Londres: Routledge, 1989.

SONTAG, Susan. *Sobre fotografia*. São Paulo: Companhia das Letras, 2004.

_____. *Questão de ênfase*. Trad. de Rubens Figueiredo. São Paulo: Companhia das Letras, 2005.

WELTERS, Linda. *The fashion reader*. Nova York: Berg, 2007.

WILCOX, Claire. *Radical fashion*. Califórnia: V&A, 2001.

A Editora Senac Rio publica livros nas áreas de Beleza e Estética, Ciências Humanas, Comunicação e Artes, Desenvolvimento Social, Design e Arquitetura, Educação, Gastronomia e Enologia, Gestão e Negócios, Informática, Meio Ambiente, Moda, Saúde, Turismo e Hotelaria.

Visite o site **www.rj.senac.br/editora**, escolha os títulos de sua preferência e boa leitura.

Fique atento aos nossos próximos lançamentos!

À venda nas melhores livrarias do país.

Editora Senac Rio
Tel.: (21) 2545-4819 (Comercial)
comercial.editora@rj.senac.br

Fale com a gente: (21) 4002-2101

Este livro foi composto nas tipografias Hansief e PoynterOSDisp e impresso pela Edigráfica Gráfica e Editora Ltda., em papel *couché matte* 120 g/m², para a Editora Senac Rio, em outubro de 2019.